木村彰利

変容する
青果物産地集荷市場

筑波書房

変容する青果物産地集荷市場　目次

序　章　本書の課題と構成 1
　　第1節　本書の課題 …… 1
　　第2節　本書の構成 …… 6

第1章　青果物流通における産地集荷市場 9
　　第1節　本章の目的 …… 9
　　第2節　青果物流通と産地集荷市場 …… 9
　　第3節　地域別の集出荷方法と産地集荷市場 …… 15
　　第4節　品目別の集出荷方法と産地集荷市場 …… 20
　　第5節　本書の検討対象県における産地集荷市場 …… 23
　　第6節　青果物流通における産地集荷市場の位置付け …… 26

第2章　茨城県西地域における産地集荷市場の性格変化 31
　　第1節　本章の課題 …… 31
　　第2節　茨城県西地域の青果物生産と卸売市場 …… 32
　　第3節　地域内農協の出荷対応 …… 37
　　第4節　調査対象市場の概要 …… 39
　　第5節　市場の集荷実態等 …… 44
　　第6節　市場の取引方法と分荷概要 …… 50
　　第7節　卸売業者による契約的取引 …… 61
　　第8節　卸売業者による集出荷業者の設立 …… 64
　　第9節　小括 …… 67

第3章　埼玉県深谷市等におけるねぎ市場の存在形態 ……………………… 71
　第1節　本章の課題 …… 71
　第2節　埼玉県深谷市等の青果物生産と卸売市場 …… 73
　第3節　地域内農協の出荷対応 …… 76
　第4節　調査対象市場の概要 …… 81
　第5節　市場の集荷実態 …… 86
　第6節　市場の取引方法と分荷実態 …… 92
　第7節　産地集荷市場と農協との関係 …… 104
　第8節　小括 …… 106

第4章　群馬県中・東毛地域の消費地市場等による県外搬出 ……………… 111
　第1節　本章の課題 …… 111
　第2節　群馬県中・東毛地域の青果物生産と卸売市場 …… 113
　第3節　群馬県中・東毛地域の産地集荷市場における青果物の集分荷 …… 119
　第4節　消費地市場C社による農協連合会を通じた県外搬出 …… 129
　第5節　消費地市場D社によるグループ企業間取引を通じた県外搬出 …… 145
　第6節　小括 …… 157

終　章　青果物流通における産地集荷市場の機能と存在意義 ……………… 163
　第1節　産地集荷市場の現状 …… 163
　第2節　産地集荷市場の機能 …… 165
　第3節　産地集荷市場の存在意義 …… 167

　あとがき …… 170

序章

本書の課題と構成

第1節　本書の課題

　わが国の青果物流通において、産地段階の集出荷に関しては総合農協や専門農協及び任意組合[1]等の集出荷団体[2]、なかでも系統経由率の高さからも明らかなように総合農協の果たす役割が大きいという特徴がある。その一方で、任意組合や集出荷業者[3]、生産者個人など多様な担い手による集出荷も行われており、これらについても集出荷団体と同じく青果物流通の重要な担い手として機能している。そして、産地集荷市場[4]が存在する地域においては、生産者の出荷に関する選択肢として産地集荷市場の選択も可能となることから、出荷者は各選択肢の得失や自身の農業経営等を踏まえながら、出荷方法を選択していると想定される。

　そして、多様な出荷方法のうち産地集荷市場は多数の出荷者から青果物を集荷し、集出荷業者の分荷機能に依存しながらも遠隔地の消費地市場[5]等への分荷を行うという意味において集出荷団体と共通する機能を果たしているだけでなく、産地集荷市場には産地段階における価格形成というように、農協が市場に委託出荷する場合には原則として存在しない機能をもつという特徴を有している。

　価格形成についてさらにいうならば、産地集荷市場の卸売場においては出荷者が取引への立ち会いが可能な状況の下で、セリという需給実勢が反映されやすいだけでなく出荷品の品質等が評価に大きな影響を及ぼす方法によって価格形成が行われている。このことは、遠隔地の消費地市場で形成される相対価格での販売となる農協出荷と異なって、相対的に高品質品を生産・出

荷する出荷者にとっては、自身の出荷品が取引現場において高い評価を得る場面を直接的に確認できることを意味している。このように、産地集荷市場は出荷品の品質が評価に直結することに加えて出荷品の評価の現場を可視化できることから、産地集荷市場が存在する地域においてはその存在が生産者の出荷行動に及ぼす影響は決して小さくないことが想定される。

続いて、本書の研究対象地域となる関東地方の産地集荷市場を歴史的な視点からみるならば、関東地方は京浜という一大消費地の後背地であることから比較的早い段階において園芸産地化が進展しており、青果物の集出荷機構として過去に多数の産地集荷市場が存在していた[6]という経緯がある。しかし、これら市場は基本的に自然発生的[7]に設立された民設民営市場であるだけでなく、現在に至るまで行政等の施策対象となることもまれであったことから、その実態が文献資料等として記録されることは少なかった。

このため、市場の歴史的な経緯についても不明な点が多いという制約があるものの、総体的な傾向としては1961年以降に展開される基本法農政の下で農協共販が拡大していくなかにおいて、産地集荷市場のシェアが経年的に縮小してきた[8]ことは恐らく間違いのないところであろう。さらには、高度経済成長期以降は地方都市等においても自治体によって消費地市場の整備が進展しているが、その過程において消費地問屋や産地問屋等と共に産地集荷市場が新市場に収容される場合も多く[9]、このことが産地集荷市場シェアのさらなる縮小につながったと思われる。

このように、青果物の集出荷機構としてのシェアが縮小していく一方で、現在でも関東等に代表される特定の地域においては産地集荷市場が集中的に存在するという傾向が認められ、これら地域の特徴となっている。そして、産地集荷市場の継続的な存続が可能となるためには、市場の側に農協共販等の集出荷方法にはない経済的な優位性や、その存続を認める社会的な要因等の存在が前提となることは明らかである。言い換えれば産地集荷市場が多数存在する地域においては、これら市場が農協等にはない流通上の機能を果たすとともに出荷者や実需者等の期待に応えることを通じて、現在までその存

続を可能にしてきたと考えられる。

　ここで視点を変えて、近年の青果物流通を取り巻く近年の環境変化について確認するならば、流通の川上にあたる生産段階においては生産者の高齢化や廃業等によって生産そのものが弱体化しつつあることに加えて、それを補填する形で青果物の輸入拡大が進展しつつある。また、流通の川下となる消費段階においては、小売構造における量販店シェアの拡大や外食及び加工原料需要の拡大等によって、青果物の生産・流通全体に及ぼす川下側の影響力が増大しつつある。そして、流通の川中である中間流通段階においては、量販店や加工業者等が産地と直接的に結びつくことによって市場外流通の拡大がもたらされている。これらのことから、青果物流通は従来の構造そのものが大きく変容しつつあるという状況下に置かれている。

　そして、このような環境変化の多くは園芸産地における集出荷の態様にも多大な影響を及ぼすものであり、実際に産地では流通環境の変化に対応するため様々な取り組みが展開されているところである。具体的には、農協等においては従来からの中心的な販売対応である市場出荷に加えて、商品の差別化やブランド化、契約取引の推進、さらには直販等による販路開拓などの取り組みが展開されている。

　一方、農協等と同じく産地段階の集出荷を担う産地集荷市場においても、今後、流通環境の変化に対応しながら将来にわたって市場の存続や活力維持を図っていくためには、市場の直接的な取引関係者となる出荷者や集出荷業者だけでなく、さらにその先の需要者である消費地市場や量販店、加工業者等のニーズに応えていくことが、より重要になりつつあることは明らかである。そして、実際の流通現場においても多様な取り組みの展開が予想されるところである。

　このような状況下にある青果物の産地集荷市場であるが、ここで産地集荷市場に関する先行研究についてみると以下のとおりとなる。

　まず、埼玉県北部蔬菜園芸地域、群馬県南部蔬菜園芸地域、邑楽台地・板倉低地蔬菜園芸地帯、さらには猿島・結城台地蔬菜園芸地帯の産地集荷市場

を対象に、その歴史的な展開過程や1990年代前半段階までの実態等に関する詳細な分析を行ったものとして新井［1］をあげることができる。そして、同書の研究対象地域の多くは本書と重複するものであり、地理学的なアプローチを主とする同書は分析視角が異なるものの、本書の各章において引用しているように、北関東における産地集荷市場の歴史的な経緯等について重要な知見を与えるものということができる。

　また、本書第4章と関連の深い消費地市場の産地市場化について分析を行ったものとしては、坂爪［7］や細野・坂爪［8］をあげることができる。このうち［7］においては、旭川市内の地方卸売市場と宮崎市中央卸売市場を事例として、大消費地の遠隔に所在する消費地市場における産地集荷市場化について検討を行っている。そして、消費地市場が産地集荷市場化することの意義として、産地周辺に立地する市場が大規模小売業者と直結することを通じて、消費地にある市場の排除が可能となる点が指摘されている。［8］においては宮崎県を事例として、県内農協の出荷先集約化に起因する県内卸売市場の対応についての分析が行われている。その結果、宮崎県内の農協から指定を取り消された県外の消費地市場は、集荷先を従来の農協から宮崎県内の市場仲卸業者や集出荷業者にシフトさせている点が明らかにされている。

　また、大都市近郊園芸生産地域に立地する消費地市場の産地集荷市場的な性格についてみたものに木村［3］及び［4］がある。これらの研究においては、東京近郊の朝夕併設市場のうち夕市に関しては、産地集荷市場的な性格が強い点が指摘されている。しかし、これら市場の夕市はいずれも規模が小さく、消費地市場である朝市に対して付随的な性格のものとなっている。

　一方、集出荷業者に関する研究は決して多くはないが、三国［9］や泉谷・坂爪［2］、佐々木・飯澤［6］等をあげることができる。これら研究においては、青森県のりんごや北海道の長葱及びタマネギを取り扱う集出荷業者を事例として、流通過程において集出荷業者が果たす機能やその存在を可能とする要因等についての分析が行われている。しかし、これら研究の分析対象となった集出荷業者は生産者から直接的に集荷を行うものであることから、

産地集荷市場で青果物を調達する集出荷業者とはその性格が異なるものを対象とした研究である。

このように、これまでの青果物流通研究において産地集荷市場を対象とする研究蓄積は比較的手薄であり、なかでも青果物を扱う産地集荷市場の現状については十分な分析が行われてはいない状況にある。このため、青果物の産地集荷市場が産地段階の集出荷においてどのような機能や役割を果たしているかを明らかにするとともに、流通環境が変化するなかで産地集荷市場がその性格を如何に変容させつつあるかについて検討を行うことは、わが国の青果物流通の一翼を把握する上において重要な知見となることが期待される。

以上の理由から、本書における課題を以下のとおり設定する。

第1に、青果物流通の集出荷段階において産地集荷市場の存在を可能としている要因について明らかにする。このため、実態調査に基づく事例分析を行うことを通じて、産地集荷市場が果たしている流通上の機能や役割、業者としての性格、さらには産地集荷市場が流通過程に存在することの意義について検討を行う。

第2には、青果物流通を取り巻く環境変化を受けて産地集荷市場が現在置かれている状況について確認するとともに、このようななかで産地集荷市場は自らの機能や役割をどのように変容させつつあるのかを明らかにする。併せて、このような変化によって産地集荷市場の卸売業者及び同市場で青果物を調達する集出荷業者の性格が、どのように変質しつつあるのかについて検討する。

第3として、卸売市場による遠隔地の消費地市場等に対する搬出は産地集荷市場に限定されるものではなく、実際には周辺に園芸産地を擁する地方都市の消費地市場からも行われている。このため、本書においては消費地市場が行う県産野菜の県外搬出を取りあげて、その実態について検討を行う。そして、消費地市場による県外搬出が行われる背景や要因を確認するとともに、このような取り組みが青果物流通上どのような意義を持つのかについて明らかにしたい。

最後に、本書の検討対象地域として関東地方、なかでも茨城県、埼玉県及び群馬県を選定した理由については以下のとおりとなる。第1に、前述のように比較的早い段階から園芸産地化し、現在においても全国有数の野菜生産県が存在する関東地方においては、本書第1章で確認するように産地集荷市場が集中的に存在しているだけでなく、産地段階の集出荷における産地集荷市場シェアも比較的高く維持されるという特徴がある。第2に、これら産地集荷市場の存在形態は決して一様ではなく、立地環境や取扱品目の違い等に規定されることによって、多様な形態のものが含まれている。第3に、県によっては県産野菜の県外搬出に取り組む消費地市場も存在していることから、研究対象の多様性はより高くなることが期待される。以上の理由から、本書で取り扱う対象事例として、関東地方は適性の高い事例地であるということができる。

第2節　本書の構成

　ここで、本書の構成について概観すると、おおよそ以下のとおりとなる。
　第1章では、産地集荷市場の事例分析を行う前段階の整理として、既存調査結果に基づいて、わが国の青果物流通における産地集荷市場の位置付け等について確認する。
　第2章では、地域内に多数の産地集荷市場が存在するだけでなく、市場が周辺の農協等と集荷をめぐる競争下におかれている茨城県西地域を事例地として、産地集荷市場及び産地集荷市場的な性格のある消費地市場における集分荷の実態について検討し、産地集荷市場が青果物流通において果たす役割や機能について明らかにする。併せて、これら産地集荷市場と集荷圏を同じくする農協を事例として集分荷の実態を検討するとともに、産地集荷市場との比較対照を通じて産地集荷市場と農協との関係についても確認する。
　第3章では、埼玉県深谷市等に所在する主として「深谷ねぎ」を取り扱う産地集荷市場を事例として、ねぎを中心とする青果物の集分荷実態について

検討する。併せて、市場と共通の圏域から集荷を行う農協におけるねぎの取扱状況等についても確認する。そして、これらの検討を踏まえて、深谷ねぎにおいて現在まで産地集荷市場を中心とする流通が維持されてきた要因、及びねぎの集分荷をめぐる産地集荷市場と農協との関係等について明らかにする。

第4章においては、群馬県の平野部にあたる中・東毛地域に設置された2つの消費地市場を事例として、卸売業者が行う県産野菜の県外搬出の実態及びその要因について明らかにするとともに、このような取り組みが持つ青果物流通上の意義について検討する。さらには、これら消費地市場と集荷圏域が重複する農協や中・東毛地域の産地集荷市場における集分荷を確認することによって、市場と農協との関係についても明らかにする。

そして、最後の終章においては、本書における上記の検討結果を踏まえて、青果物流通において産地集荷市場が果たしている役割や機能について整理するとともに、青果物の流通過程に産地集荷市場が介在することの意義について考察を行うこととする。

注
1) 任意組合とは生産者によって任意に組織された青果物の出荷を行う総合農協及び専門農協以外の団体をいう。なお、本章でいう任意組合とは、第2章以降において使用する出荷組合と同義である。
2) 集出荷団体とは生産者から青果物の販売委託を受けて青果物を出荷する団体であり、総合農協、専門農協及び任意組合等が含まれる。
3) 集出荷業者とは産地で生産者などから青果物を集荷して消費地市場等に出荷する産地仲買人、産地問屋等をいう。なお、ここでいう産地集荷業者には、産地集荷市場に上場されたものを買い取って他市場に出荷することを主とする業者が含まれている。
4) 産地集荷市場とは園芸産地等に立地し、そこにおいて集荷した青果物を集出荷業者等の分荷機能を介して遠隔地の消費地市場等に供給する市場をいう。
5) 消費地市場とは主として市場周辺の小売業者等に対する分荷を行う市場をいう。
6)［5］のp.526では、1928年の段階において埼玉県内に多数の産地集荷市場が存在していた点が指摘されている。また、［3］及び［4］においては朝市に加

えて夕市を行う消費地市場の分析も行っているが、このような市場はいずれも産地集荷市場を含む複数市場の合併によって設立されている。
7）産地集荷市場が設立された経緯については、本書第2章及び第3章の調査対象事例を参照されたい。
8）例えば、本書第4章で検討する産地集荷市場である群馬県東毛地域B社は、地元農協が共販を開始したことによって取扱高が大幅に減少している。
9）例えば、消費地市場である本書第4章の群馬県中毛地域C社及びD社は、その設立以前の段階において産地集荷市場であったものが前身となっている。また、埼玉県内や千葉県の消費地市場のなかで夕市を行うものの多くは、前身となった産地集荷市場の機能を継承したものとなっている。

引用文献

［1］新井鎮久『産地市場・産地仲買人の展開と産地形成：関東平野の伝統的蔬菜園芸地帯と業者流通』成文堂、2012年、p.209。
［2］泉谷眞実・坂爪浩史「農業市場構造の変貌と産地集荷商人の存立形態―北海道の長葱産地を事例として―」『北海道農經論叢』第48巻、1992年、pp.83-99。
［3］木村彰利「大都市近郊園芸生産地域に存在する地方卸売市場における個人出荷野菜の流通構造に関する研究」『農業市場研究』第14巻第2号、2005年、pp.64-72。
［4］木村彰利「大都市近郊園芸生産地域の卸売市場における個人出荷野菜の集・分荷に関する研究―千葉県東葛地域を事例として―」『農業市場研究』第16巻第1号、2007年、pp.29-41。
［5］埼玉県編『新編埼玉県史　通史編6』埼玉県、1989年、p1、140。
［6］佐々木稔基・飯澤理一郎「タマネギ取扱産地商人の集荷・販売対応：北海道岩見沢市AI商店を事例として」『北海道農經論叢』第64巻、2009年、pp.59-65。
［7］坂爪浩史『現代の青果物流通―大規模小売企業による流通再編の構造と論理―』筑波書房、1999年、p.214。
［8］細野賢治・坂爪浩史「系統農協の指定市場政策に関する一考察：宮崎県青果物をめぐる産地市場系統との集分荷競争の構図」農業経済論集47（1）、1996年、pp.87-98。
［9］三国英実「青果物市場の展開と産地商人資本―りんご移出商の発展過程」『北海道農經論叢』第24巻、1968年、pp.85-116。

第1章

青果物流通における産地集荷市場

第1節　本章の目的

　本章においては、次章以降で関東地方の産地集荷市場について検討を行うための前段階として、既存調査結果等を用いて青果物の産地段階で行われている集出荷方法について整理したうえで、全国及び関東地方の青果物流通における産地集荷市場の位置付けについて確認する。
　併せて、本書の検討対象地域となる茨城県、埼玉県及び群馬県における産地市場の現状等について確認を行う。

第2節　青果物流通と産地集荷市場

（1）青果物流通の概要

　産地段階における集出荷についてみる前に、産地集荷市場の主要な搬出先となる消費地市場等の概要、及び消費地市場における出荷者構成について確認すると以下のとおりである。
　2011年現在、青果物を扱う中央卸売市場は全国の42都市に57市場が設置[1]されており、同じく地方卸売市場は2010年段階で1,159市場が存在している[2]。表1-1にあるように、2010年における青果物の総流通量2,131万1,000トンのうち卸売市場を経由するものは1,329万1,000トンである。これを割合でみれば62.4％が市場を経由していることから、卸売市場は青果物流通における基幹的な中間流通機構ということができる。なお、このうち中央卸売市場の経由率は38.4％、地方卸売市場等は24.0％という内訳である。

表1-1 青果物の市場経由率等（2010年）

単位：千トン、％

	青果計	野菜	果実
総流通量（A）	21,311	13,215	8,096
市場経由量（B）	13,291	9,648	3,643
市場経由率（B/A）	62.4	73.0	45.0
中央卸売市場の取扱量（C）	8,181	6,100	2,081
割合（C/A）	38.4	46.2	25.7
地方卸売市場等の取扱量（D=B−C）	5,110	3,548	1,562
割合（D/A）	24.0	26.8	19.3

資料：『平成24年版卸売市場データ集』による。
注：地方卸売市場等には小規模市場等を含む。

（2）中央卸売市場の出荷者

このように青果物流通の基幹を担う卸売市場であるが、このうち中央卸売市場の出荷者についてみたものが**表1-2**である。

同表が示すように、野菜の出荷者については農協系統出荷団体が56.0％、次いで商社が12.1％、いわゆる産地商人である集出荷業者は9.2％、生産者による個人出荷である生産者個人が7.9％、生産者の任意組合が5.8％、他市場からの転送を意味する他市場卸売業者が2.5％、同じく他市場仲卸業者が2.5％となっている。

一方、果実の出荷者については農協系統出荷団体が59.6％、集出荷業者が15.3％、商社が7.5％、生産者個人が5.1％、生産者任意組合が4.5％、他市場の卸・仲卸業者からの転送が合わせて5.7％という構成である。

ところで、産地集荷市場については中央卸売市場の出荷者として直接的に現れてはいないが、その理由は産地集荷市場は産地における出荷の主体ではなく、あくまでも集荷された青果物を集出荷業者等に販売するための取引機構であることによる。このため、産地集荷市場から中央卸売市場に搬出された青果物の直接的な出荷者は集出荷業者となることから、産地集荷市場からの集荷額を把握することは難しい。しかし、後にみるように産地の集出荷段階における産地集荷市場の取扱量を踏まえるならば、中央卸売市場が集出荷業者から集荷する青果物のうち、野菜・果実ともにその相当割合が産地集荷

第1章　青果物流通における産地集荷市場

表1-2　中央卸売市場の出荷者構成（2011年）

単位：百万円、％

		取扱額	出荷者別の構成比								
			計	生産者個人	生産者任意組合	農協系統出荷団体	商社	集出荷業者	他市場卸売業者	他市場仲卸業者	その他
野菜計		1,297,765	100.0	7.9	5.8	56.0	12.1	9.2	2.5	2.5	4.2
	大都市	1,011,991	100.0	6.6	4.1	59.7	11.4	9.8	2.0	1.6	4.8
	中都市	285,774	100.0	12.4	11.5	42.7	14.5	7.2	4.2	5.6	1.9
果実計		597,405	100.0	5.1	4.5	59.6	7.5	15.3	3.4	2.3	2.2
	大都市	471,865	100.0	3.9	3.7	63.3	6.9	15.2	3.0	1.5	2.4
	中都市	125,541	100.0	9.4	7.7	45.5	9.9	15.8	5.0	5.3	1.4

資料：『平成24年版卸売市場データ集』による。
注：1）大都市とは、政令指定都市にある市場及び開設者が都府県である市場をいう。
　　2）中都市とは、大都市以外の中央卸売市場をいう。
　　3）産地出荷業者は集出荷業者と言い換えている。
　　4）ラウンドの関係で構成比の合計が100.0にならないことがある。

市場から調達されたものによって占められていると想定される。

　ここで、中央卸売市場の出荷者を大都市と中都市に分けてみた場合、中心的な出荷者である農協系統の出荷団体は果実・野菜共に大都市の構成比が高くなっているように、農協は総体的に大都市の卸売市場に重点出荷する傾向がうかがえる。一方、生産者個人や生産者任意組合、商社、他市場は中都市において構成比が高くなる傾向にある。そして集出荷業者をみるならば、野菜については大都市が中都市と比較して2.6ポイント高く、果実では逆に中都市の方が0.6ポイント高くなっているものの、市場所在地の都市規模と構成比との間に明確な傾向の差異は認められない。

（3）青果物の集出荷組織と産地集荷市場

　前述のように、青果物流通における産地集荷市場の位置付けを消費地市場の側から確認することは難しいことから、本項以降においては『平成18年青果物・花き集出荷機構調査報告』に基づいて検討していくこととしたい。

　なお、同調査報告で使用される青果物の集出荷組織の呼称は前項でみた中央卸売市場の出荷者と共通するものが多いが、集出荷団体、集出荷業者及び産地集荷市場の3つに大別されている。そして、集出荷団体についてはさら

表1-3 青果物の集出荷組織数の推移

単位：実数

			1980年	1985年	1991年	1996年	2001年	2006年
野菜計			7,520	7,430	6,170	5,260	3,660	2,110
	集出荷団体		5,850	5,960	4,950	4,060	2,700	1,470
		総合農協	3,600	3,550	3,150	2,540	1,810	1,110
		専門農協	58	43	40	40	42	23
		任意組合	2,180	2,370	1,760	1,490	851	342
	集出荷業者		1,630	1,430	1,180	1,160	918	604
	産地集荷市場		48	39	41	38	39	32
果実計			4,760	4,340	3,620	3,060	2,280	1,600
	集出荷団体		3,360	3,170	2,720	2,230	1,580	1,100
		総合農協	2,150	2,010	1,800	1,410	1,020	696
		専門農協	99	91	96	93	60	45
		任意組合	1,110	1,070	826	727	506	355
	集出荷業者		1,390	1,150	873	813	678	484
	産地集荷市場		19	22	23	19	17	18

資料：『平成18年青果物・花き集出荷機構調査報告』による。

に、総合農協[3]、専門農協[4]及び任意組合に区分されている。

　青果物の集出荷組織数を経年的にみたものが表1-3である。同表によれば、野菜[5]を扱う集出荷組織は1980年の段階で7,520存在していたが、経年的には減少傾向にあり2006年では2,110となっている。ただし、減少理由の一つとしては総合農協が従来の市町村単位の組織から、郡単位へと合併・再編[6]された点をあげることができる。このため組織数の減少は、野菜の集出荷において集出荷組織の占めるシェアが減少したということを意味するものではない。

　2006年段階における野菜の集出荷組織の内訳は、総合農協が1,110組合、専門農協が23組合、任意組合が342組合[7]、集出荷業者が604、産地集荷市場が32市場となっている。このうち、本書の研究対象である産地集荷市場については1980年の48市場が2006年には32市場となっているように、この間、一時的に数が増加することはあっても総体的に減少傾向で推移している。また、集出荷業者についてはこの間に1,630から604へと大幅な減少が確認できる。

　続いて果実の集出荷組織数については1980年には4,760であったものが、2006年には1,600にまで減少している。また、減少理由としては野菜と同じく総合農協の再編をあげることができる。

第1章　青果物流通における産地集荷市場

　2006年段階における果実[8)]を扱う集出荷組織の内訳は、総合農協が696組合、専門農協が45組合、任意組合が355組合、集出荷業者が484、産地集荷市場が18市場となっている。なお、これら集出荷組織の多くは野菜と共通するものである。果実を扱う産地集荷市場の経年動向は、1980年に19市場であったものが1991年には23市場といくらか増加するものの、2006年には18市場となるなどこの間は20市場前後で推移している。また、果実の集出荷業者は1,390から484というように、野菜と同じく大幅な業者数の減少が確認できる。

　ここで、集出荷業者の動向について整理するならば、前述のように野菜・果実共に業者数は大幅に減少している。そして、このような減少は総合農協のように合併・再編によってもたらされたとは考え難いことから、この間に多数の集出荷業者が廃業したことが想定される。表1-3にある集出荷業者の多くは生産者から直接的に青果物を集荷する業者であることから、産地集荷市場で調達を行うものとは必ずしも重複するものではないが、集出荷業者数の減少は産地集荷市場で調達する集出荷業者についても同様の傾向にある可能性が高い[9)]。

　表1-4は、産地集荷市場における野菜の取扱量を経年的にみたものである。

表1-4　野菜の集出荷組織別の出荷量

単位：トン、％

		1991年	1996年	2001年	2006年
数量	合計	9,046,100	8,962,770	8,941,000	7,135,300
	集出荷団体	7,265,510	7,006,830	7,210,800	5,806,500
	総合農協	6,652,040	6,532,800	6,744,000	5,603,000
	専門農協	101,120	100,040	217,000	87,600
	任意組合	512,350	373,990	249,800	115,900
	集出荷業者	1,511,510	1,577,770	1,395,000	996,500
	産地集荷市場	269,080	378,170	335,200	332,300
割合	合計	100.0	100.0	100.0	100.0
	集出荷団体	80.3	78.2	80.6	81.4
	総合農協	73.5	72.9	75.4	78.5
	専門農協	1.1	1.1	2.4	1.2
	任意組合	5.7	4.2	2.8	1.6
	集出荷業者	16.7	17.6	15.6	14.0
	産地集荷市場	3.0	4.2	3.7	4.7

資料：『集出荷機構調査長期累年統計』による。
　注：ラウンドの関係で合計と組織別の合計とは一致しない。

なお、この場合の野菜は全ての品目ではなく、代表的な14品目が対象となっている。また、基になったデータは集出荷機構を対象に行った調査であることから、個人による消費地市場等への出荷は含まれていない。2006年における野菜の集荷組織別の出荷量は後にみることから、ここでは産地段階の集出荷における産地集荷市場の位置付けに限定して確認するならば、おおよそ以下のとおりとなる。

　まず、産地集荷市場のシェアについてみると1991年に3.0%であったものが、1996年は4.2%、2001年は3.7%、そして2006年では4.7%となっているように、近年における取り扱いは僅かではあるが拡大する傾向にあることがうかがえる。この間において最もシェア拡大がみられた集出荷組織は総合農協であり、1991年の73.5%から2006年の78.5%へと増加している。その一方で、任意組合は1991年の5.7%から2006年には1.6%というように4.1ポイントの減少となっており、同じく集出荷業者についてもこの15年間で2.7ポイントの減少がみられる。

　続いて、代表的な果実18品目における産地段階のシェアは**表1-5**のとおりである。ここでは同表を基に、野菜と同じく経年的な動きについて確認するならば、果実における産地集荷市場のシェアは1991年に3.4%であったものが1996年には6.8%と一時的に上昇しているが、その後は2001年の2.6%、2006年の2.8%と低迷する傾向にある。同時に、専門農協はこの15年間に12.2%から4.3%へと減少し、集出荷業者についても20.8%から15.9%というように、いずれも大きくシェアを低下させている。その一方で、総合農協については同じくこの15年間に14.6ポイントの拡大がもたらされている。

　以上、産地段階の集出荷における組織別シェアの動向について確認を行った。しかし、この間における青果物の取扱量は野菜・果実共に減少しながら推移する傾向にあることから、シェアを伸ばした集出荷組織についても取り扱いを拡大したというよりも、全体の市場規模が縮小するなかで取扱量を相対的に維持してきたというべきものであろう。

　本節においては、産地集荷市場を含む青果物の集出荷組織についてみてき

第1章　青果物流通における産地集荷市場

表1-5　果実の集出荷組織別の出荷量

単位：トン、％

		1991年	1996年	2001年	2006年
数量	合計	3,407,900	2,956,280	2,365,000	1,995,500
	集出荷団体	2,582,030	2,182,870	1,883,600	1,621,300
	総合農協	1,979,620	1,821,170	1,674,000	1,450,000
	専門農協	414,950	225,510	111,900	85,100
	任意組合	187,460	136,190	97,700	86,200
	集出荷業者	710,090	571,610	420,000	318,100
	産地集荷市場	115,780	201,800	61,400	56,100
割合	合計	100.0	100.0	100.0	100.0
	集出荷団体	75.8	73.8	79.6	81.2
	総合農協	58.1	61.6	70.8	72.7
	専門農協	12.2	7.6	4.7	4.3
	任意組合	5.5	4.6	4.1	4.3
	集出荷業者	20.8	19.3	17.8	15.9
	産地集荷市場	3.4	6.8	2.6	2.8

資料：『集出荷機構調査長期累年統計』による。
注：ラウンドの関係で合計と組織別の合計とは一致しない。

た。そして、産地集荷市場については設置数が少なくシェアも決して高くはないものの、青果物の産地段階の集出荷において一定の地位を占めていることが確認できた。なお、詳細は確認できないものの、実際の流通現場においては行政から卸売市場としての認可を受けていない市場[10]や産地集荷市場的な性格を併せ持つ消費地市場も存在していることから、実質的な産地集荷市場はさらに多く存在していると考えられる。

第3節　地域別の集出荷方法と産地集荷市場

（1）青果物産地集荷市場の地域別設置数

本節においては集出荷方法について地域別に確認するが、その前に2006年時点における産地集荷市場の地域別設置数についてみると**表1-6**のとおりとなる。

野菜については、全国の32市場のうち関東に22市場が存在しており、なかでも茨城県だけで13市場となっているように、産地集荷市場は特定の県に集中する傾向が顕著である。また、埼玉県に5市場、群馬県にも4市場が設置

表1-6 産地集荷市場の地域別設置数（2006年）

単位：実数

		野菜	果実
合計		32	18
北海道		2	1
東北		2	3
関東		22	12
	茨城県	13	10
	栃木県	-	-
	群馬県	4	-
	埼玉県	5	2
	千葉県	-	-
	東京都	-	-
	神奈川県	-	-
東海・東山		4	1
北陸・近畿		2	1
中国・四国		-	-
九州		-	-

資料：『平成18年青果物・花き集出荷機構調査報告』による。
注：野菜と果実の市場は重複するものを含む。

されているように、栃木県を除く北関東に比較的多く設置されている。関東以外で多い地方としては東海・東山があり、4市場が存在している。なお、表出していないがこれら市場は全て愛知県内に所在している。

果実を扱う産地集荷市場は全国計で18市場となっており、このうち関東が12市場であることから、野菜と同じく同地方に集中する傾向がある。これを県別にみれば茨城県の10市場が最も多く、次いで埼玉県の2市場となっているように、果実についても茨城県に偏在している。なお、関東以外では東北の3市場が多く、これらは表出していないがいずれも青森県内に設置されたものである。

このように産地集荷市場を設置数でみた場合、野菜・果実共に北関東に多く存在しており、なかでも茨城県に集中する傾向が確認できた。それ以外については野菜で愛知、果実では青森県に多いというように、産地集荷市場は特定の地域に偏在するという特徴がある。

（2）野菜の地域別集出荷方法と産地集荷市場

これ以降においては、産地集荷市場が比較的多く存在する県を取りあげて、

第 1 章　青果物流通における産地集荷市場

これら県における青果物の集出荷方法について確認したい。

表1-7を基に野菜の産地段階における集出荷方法についてみると、概略は以下のとおりである。最初に全国計からみれば、2005年には713万6,000トンの野菜が取り扱われており、このうち81.4％までが集出荷団体によって占められている。さらに、集出荷団体のうち78.5％が総合農協となっており、専門農協と任意組合を合わせたその他は2.9％に過ぎない。また、集出荷業者は14.0％、産地集荷市場は4.7％である。このように、野菜全体に占める産地集荷市場のシェアは決して高くはなく、産地段階の集出荷は総じて総合農協

表1-7　野菜の地域別集出荷方法（2005年）

単位：トン、％

		合計	集出荷団体計	総合農協	その他	集出荷業者	産地集荷市場
数量	全国計（14品目）	7,136,000	5,807,000	5,603,000	204,000	996,500	332,300
	関東	1,883,400	1,487,200	1,427,100	60,100	154,620	240,400
	茨城県	466,800	256,800	242,700	14,100	7,200	202,800
	栃木県	109,300	66,200	65,900	300	43,100	-
	群馬県	372,600	321,800	316,400	5,400	40,100	10,600
	埼玉県	110,600	82,500	67,100	15,400	1,060	27,000
	千葉県	363,700	301,200	279,000	22,200	62,500	-
	東京都	326,300	325,200	325,200	-	-	-
	神奈川県	134,100	133,500	130,800	2,700	660	-
	関東以外	5,252,600	4,319,800	4,175,900	143,900	841,880	91,900
	青森県	158,300	105,000	95,000	10,000	49,800	3,500
	愛知県	410,800	245,400	245,400	-	78,400	87,000
	その他	4,683,500	3,969,400	3,835,500	133,900	713,680	420
割合	全国計（14品目）	100.0	81.4	78.5	2.9	14.0	4.7
	関東	100.0	79.0	75.8	3.2	8.2	12.8
	茨城県	100.0	55.0	52.0	3.0	1.5	43.4
	栃木県	100.0	60.6	60.3	0.3	39.4	-
	群馬県	100.0	86.4	84.9	1.4	10.8	2.8
	埼玉県	100.0	74.6	60.7	13.9	1.0	24.4
	千葉県	100.0	82.8	76.7	6.1	17.2	-
	東京都	100.0	99.7	99.7	-	-	-
	神奈川県	100.0	99.6	97.5	2.0	0.5	-
	関東以外	100.0	82.2	79.5	2.7	16.0	1.7
	青森県	100.0	66.3	60.0	6.3	31.5	2.2
	愛知県	100.0	59.7	59.7	-	19.1	21.2
	その他	100.0	84.8	81.9	2.9	15.2	0.0

資料：『平成18年青果物・花き集出荷機構調査報告』による。
注：1）ラウンドの関係で合計と品目別の合計とは一致しない。
　　2）－は事実のないものを表す。
　　3）元データが非公開のものでも、推計できるものは推計値を示している。

を中心としながら、いわばその「隙間」が総合農協以外の方法によって埋められるという構図となっている。

　続いて産地集荷市場が比較的多く存在する関東についてみるならば、総合農協が75.8％というように野菜の中心的な集出荷方法となっている。しかし、産地集荷市場も12.8％と全国計より8.1ポイント高い割合を占めている。このことから、関東においても産地集荷市場による集出荷は補完的な方法ではあるものの、比較的重要な位置付けになっているということができる。

　さらに、産地集荷市場の多い県についてみると、茨城県は43.4％、埼玉県は24.4％、群馬県ではいくらか低いものの2.8％が産地集荷市場によって占められている。このように、全国有数の野菜生産県である茨城県においては4割以上が産地集荷市場を経由しており、同じく野菜生産県である埼玉県でも高い割合となっていることから、両県の青果物流通において産地集荷市場は重要な位置を占めていることが確認できる。また、関東以外では愛知県の21.2％が高い割合となっているが、この理由については同県の東三河地域に所在する、主としてキャベツ等の葉菜類を扱う産地集荷市場によるものと考えられる。

（3）果実の地域別集出荷方法と産地集荷市場

　果実については**表1-8**にあるように、主要18品目について全国計で199万6,000トンの集出荷が行われている。これを集出荷方法別の構成でみた場合、集出荷団体が81.2％と高い割合となっており、このうち72.6％までが総合農協によって占められている。また、集出荷業者は15.9％、産地集荷市場は2.8％となっているように、果実についても野菜と同じく総合農協が主要な集出荷方法である。

　これを関東についてみるならば、集出荷団体の割合は全国計よりも高く84.5％を占めている。このため、関東における産地集荷市場の構成比は不明であるものの、全国計より高くなっているとは想定し難い。続いて県別にみた場合、茨城県では産地集荷市場が6.7％を占めているが、群馬県内の産地

表1-8 果実の地域別集出荷方法（2005年）

単位：トン、％

			合計	集出荷団体計			集出荷業者	産地集荷市場
					総合農協	その他		
数量	全国計（18品目）		1,996,000	1,621,000	1,450,000	171,000	318,100	56,100
	関東		84,890	71,710	67,490	4,220	x	x
		茨城県	25,400	22,000	21,300	700	1,660	1,700
		栃木県	14,200	14,200	13,500	700	-	-
		群馬県	6,430	6,270	5,910	360	158	-
		埼玉県	6,330	6,310	4,650	1,660	x	x
		千葉県	14,100	14,000	13,200	800	96	-
		東京都	1,530	1,530	1,530	-	-	-
		神奈川県	16,900	7,400	7,400	-	9,540	-
	関東以外		1,911,110	1,549,290	1,382,510	166,780	306,646	55,174
		青森県	345,400	168,000	142,800	25,200	125,900	51,500
		愛知県	31,400	30,400	30,200	200	1,010	-
		その他	1,534,310	1,350,890	1,209,510	141,380	179,736	3,684
割合	全国計（18品目）		100.0	81.2	72.6	8.6	15.9	2.8
	関東		100.0	84.5	79.5	5.0	x	x
		茨城県	100.0	86.6	83.9	2.8	6.5	6.7
		栃木県	100.0	100.0	95.1	4.9	-	-
		群馬県	100.0	97.5	91.9	5.6	2.5	-
		埼玉県	100.0	99.7	73.5	26.2	x	x
		千葉県	100.0	99.3	93.6	5.7	0.7	-
		東京都	100.0	100.0	100.0	-	-	-
		神奈川県	100.0	43.8	43.8	-	56.4	-
	関東以外		100.0	81.1	72.3	8.7	16.0	2.9
		青森県	100.0	48.6	41.3	7.3	36.5	14.9
		愛知県	100.0	96.8	96.2	0.6	3.2	-
		その他	100.0	88.0	78.8	9.2	11.7	0.2

資料：『平成18年青果物・花き集出荷機構調査報告』による。
注：1）ラウンドの関係で合計と品目別の合計とは一致しない。
　　2）-は事実のないもの、xは数値を公開していないものを表す。
　　3）元データが非公開のものでも、推計できるものは推計値を示している。

集荷市場では果実が取り扱われておらず、埼玉県は不明ではあるものの集出荷団体だけで99.7％となっていることから産地集荷市場のシェアはわずかである。ちなみに、全国的にみて果実の産地集荷市場シェアが高いのは青森県の14.9％であるが、これは同県内に主としてりんごを取り扱う市場が設置されていることによる。

　以上、地域別に青果物の集出荷方法を確認してきた。その結果、野菜については全国的に総合農協を中心とした集出荷が行われている一方で、関東、なかでも茨城県や埼玉県では相対的に産地集荷市場のシェアが高いという特

徴があった。また、果実では茨城県において比較的シェアが高くなっているものの、野菜と比較して産地集荷市場のシェアは低いという傾向がみられた。

第4節　品目別の集出荷方法と産地集荷市場

(1) 野菜の品目別集出荷方法と産地集荷市場

　本節においては、青果物の集出荷段階における産地集荷市場の品目別構成について確認していきたい。

　表1-9に基づいて野菜の品目毎に産地集荷市場経由率を確認すれば、最も高い割合となるものははくさいの18.7％である。なお、はくさいは茨城県において生産が盛んな品目[11]であることと、前述のように産地集荷市場シェアの高い県は比較的限定されていることを踏まえるならば、同品目における経由率の高さは茨城県産によってもたらされたと考えられる。

　次に産地集荷市場のシェアが高い品目としてはねぎの16.6％があげられる。そして第3章で検討するように、ねぎの主要産地である埼玉県[12]においては同品目が産地集荷市場から盛んに出荷されていることを踏まえるならば、ねぎにおけるシェアの高さは埼玉県産に起因すると考えられる。

　ねぎに次いで産地集荷市場経由率の高い品目はキャベツの11.8％である。同品目は群馬県と並んで愛知県の生産量が多い品目[13]であるが、第4章でみるように群馬県内の産地集荷市場においてキャベツは決して主要な取扱品目ではないことから、同品目における産地集荷市場シェアの高さは主として愛知県産によると考えられる。

　以上みてきたように、産地集荷市場における取扱品目は、はくさい、ねぎ、キャベツのシェアが高く、それに次ぐ品目となるほうれんそうで4.7％、レタスでは4.4％に過ぎないことから明らかなように、産地集荷市場を経由する野菜は特定の品目に特化する傾向が認められる。

第1章　青果物流通における産地集荷市場

表1-9　野菜の品目別集出荷方法（2005年）

単位：トン、％

		合計	集出荷団体計			集出荷業者	産地集荷市場
				総合農協	その他		
数量	全国計（14品目）	7,136,000	5,807,000	5,603,000	203,500	996,500	332,300
	キャベツ	1,129,000	874,768	865,700	9,068	120,400	133,300
	きゅうり	374,700	352,500	335,900	16,600	15,100	7,120
	さといも	50,500	29,707	27,300	2,407	20,200	611
	だいこん	666,200	552,490	521,200	31,290	104,700	9,020
	たまねぎ	820,600	621,280	568,400	52,880	198,500	827
	トマト	466,400	444,990	426,600	18,390	15,900	5,420
	なす	196,400	183,240	179,100	4,140	6,980	6,160
	にんじん	390,600	267,500	248,500	19,000	112,100	11,000
	ねぎ	216,400	168,035	162,600	5,435	12,400	35,900
	はくさい	515,200	350,610	343,400	7,210	68,300	96,400
	ばれいしょ	1,629,000	1,378,380	1,355,000	23,380	249,300	452
	ピーマン	97,900	93,342	89,000	4,342	4,330	149
	ほうれんそう	139,200	115,192	111,300	3,892	17,600	6,480
	レタス	444,600	374,210	368,800	5,410	50,800	19,500
割合	合計（14品目）	100.0	81.4	78.5	2.9	14.0	4.7
	キャベツ	100.0	77.5	76.7	0.8	10.7	11.8
	きゅうり	100.0	94.1	89.6	4.4	4.0	1.9
	さといも	100.0	58.8	54.1	4.8	40.0	1.2
	だいこん	100.0	82.9	78.2	4.7	15.7	1.4
	たまねぎ	100.0	75.7	69.3	6.4	24.2	0.1
	トマト	100.0	95.4	91.5	3.9	3.4	1.2
	なす	100.0	93.3	91.2	2.1	3.6	3.1
	にんじん	100.0	68.5	63.6	4.9	28.7	2.8
	ねぎ	100.0	77.7	75.1	2.5	5.7	16.6
	はくさい	100.0	68.1	66.7	1.4	13.3	18.7
	ばれいしょ	100.0	84.6	83.2	1.4	15.3	0.0
	ピーマン	100.0	95.3	90.9	4.4	4.4	0.2
	ほうれんそう	100.0	82.8	80.0	2.8	12.6	4.7
	レタス	100.0	84.2	83.0	1.2	11.4	4.4

資料：『平成18年青果物・花き集出荷機構調査報告』による。
注：ラウンドの関係で合計と品目別の合計とは一致しない。

（2）果実の品目別集出荷方法と産地集荷市場

野菜と同様に、表1-10に基づいて果実における品目別の産地集荷市場シェアについて確認しておきたい。

果実においては産地集荷市場のシェアが2.8％と低いことは既にみたが、このうちりんごに限定するならば9.9％と比較的高い割合を占めている。りんごの産地集荷市場経由率が高くなった理由としては、同品目の主要生産県

表1-10 果実の品目別集出荷方法（2005年）

単位：トン、％

		合計	集出荷団体計			集出荷業者	産地集荷市場
				総合農協	その他		
数量	全国計（18品目）	1,996,000	1,621,000	1,450,000	171,300	318,100	56,100
	みかん	688,000	589,900	497,000	92,900	97,800	300
	なつみかん	36,000	28,300	21,400	6,880	7,690	10
	はっさく	28,500	21,800	20,000	1,771	6,690	10
	いよかん	78,800	74,200	69,900	4,335	4,590	10
	ネーブルオレンジ	3,820	2,900	2,360	544	918	2
	りんご	514,500	310,400	275,100	35,390	153,400	50,700
	ぶどう	106,700	96,200	90,800	5,380	9,490	1,030
	日本なし	172,500	168,000	158,000	10,060	2,670	1,770
	西洋なし	19,400	16,900	16,200	690	2,350	93
	もも	106,000	93,800	88,700	5,110	12,200	59
	おうとう	7,830	6,080	5,840	240	1,670	80
	びわ	2,520	2,440	2,050	395	78	-
	かき	147,100	134,700	130,200	4,470	10,600	1,790
	くり	6,700	4,820	4,510	310	1,860	30
	うめ	39,300	36,400	35,200	1,193	2,840	74
	すもも	15,100	13,600	13,400	223	1,350	57
	キウイフルーツ	21,200	20,000	18,700	1,388	1,110	4
	パインアップル	1,640	x	x	-	830	x
割合	全国計（18品目）	100.0	81.2	72.6	8.6	15.9	2.8
	みかん	100.0	85.7	72.2	13.5	14.2	0.0
	なつみかん	100.0	78.6	59.4	19.1	21.4	0.0
	はっさく	100.0	76.5	70.2	6.2	23.5	0.0
	いよかん	100.0	94.3	88.8	5.5	5.8	0.0
	ネーブルオレンジ	100.0	75.9	61.8	14.2	24.0	0.1
	りんご	100.0	60.3	53.5	6.9	29.8	9.9
	ぶどう	100.0	90.2	85.1	5.0	8.9	1.0
	日本なし	100.0	97.4	91.6	5.8	1.5	1.0
	西洋なし	100.0	87.1	83.5	3.6	12.1	0.5
	もも	100.0	88.5	83.7	4.8	11.5	0.1
	おうとう	100.0	77.7	74.6	3.1	21.3	1.0
	びわ	100.0	96.8	81.3	15.7	3.1	-
	かき	100.0	91.6	88.5	3.0	7.2	1.2
	くり	100.0	71.9	67.3	4.6	27.8	0.4
	うめ	100.0	92.6	89.6	3.0	7.2	0.2
	すもも	100.0	90.1	88.7	1.5	8.9	0.4
	キウイフルーツ	100.0	94.3	88.2	6.5	5.2	0.0
	パインアップル	100.0	x	x	-	50.6	x

資料：『平成18年青果物・花き集出荷機構調査報告』による。
注：1）ラウンドの関係で合計と品目別の合計とは一致しない。
　　2）-は事実のないもの、xは数値を公開していないものを表す。
　　3）元データが非公開のものでも、推計できるものは推計値を示している。

である青森県[14]に産地集荷市場が設置されており、生産者から出荷先として利用されていることによると考えられる。

一方、りんご以外の品目における産地集荷市場経由率は低く、かきが1.2%、ぶどう、日本なし及びおうとうではいずれも1.0%に過ぎない。このことから明らかなように、りんご以外の集出荷において産地集荷市場は極めて限定的な方法となっている。

第5節　本書の検討対象県における産地集荷市場

(1) 茨城県における産地集荷市場

本節においては、本書の検討対象地域が所在する茨城県、埼玉県及び群馬県の産地集荷市場における野菜取扱実績について確認したい。

まず、茨城県からみると表1-11のとおりとなる。同県の2005年における

表1-11　茨城県における野菜集出荷の推移

単位：トン、%

		1990年	1995年	2000年	2005年
数量	合計（14品目）	559,630	640,290	629,200	466,800
	集出荷団体	388,710	357,920	378,900	256,800
	総合農協	322,370	284,640	317,100	242,700
	専門農協	2,030	6,060	6,790	1,410
	任意組合	64,310	67,230	55,000	12,700
	集出荷業者	38,430	89,620	104,400	7,200
	産地集荷市場	132,490	192,750	145,900	202,800
割合	合計（14品目）	100.0	100.0	100.0	100.0
	集出荷団体	69.5	55.9	60.2	55.0
	総合農協	57.6	44.5	50.4	52.0
	専門農協	0.4	0.9	1.1	0.3
	任意組合	11.5	10.5	8.7	2.7
	集出荷業者	6.9	14.0	16.6	1.5
	産地集荷市場	23.7	30.1	23.2	43.4
指数	合計（14品目）	100.0	114.4	112.4	83.4
	集出荷団体	100.0	92.1	97.5	66.1
	総合農協	100.0	88.3	98.4	75.3
	専門農協	100.0	298.5	334.5	69.5
	任意組合	100.0	104.5	85.5	19.7
	集出荷業者	100.0	233.2	271.7	18.7
	産地集荷市場	100.0	145.5	110.1	153.1

資料：『集出荷機構調査長期累年統計』による。
注：ラウンドの関係で合計と品目別の合計とは一致しない。

主要14品目については合計46万6,800トンが集出荷機構を通じて出荷されており、このうち20万2,800トン、割合では43.4％が産地集荷市場を経由している。市場の取扱量を経年的にみた場合、1990年の13万2,490トン、1995年の19万2,750トン、2000年の14万5,900トンというように年次により大きく変動している。このため産地集荷市場経由率も一定ではなく、1990年の23.7％、1995年の30.1％、2000年の23.2％と年毎に大きく異なっている。特に、2000年から2005年までの5年間で産地集荷市場のシェアは20.2ポイントも上昇しており、特徴的である。

　そして、産地集荷市場における取扱量の動向を1990年を基準年とする指数でみた場合も同様の傾向にあり、1995年は145.5、2000年には110.1であったものが、2005年になると153.1にまで上昇している。青果物は年による作況変動が大きいので以上の傾向から一概に判断することは難しいが、茨城県の野菜の集出荷において産地集荷市場のシェア及び取扱量は拡大傾向にある可能性が高い。

（２）埼玉県における産地集荷市場

　続いて、埼玉県の経年動向について**表1-12**を基に確認すると、同県では2005年において集出荷機構を通じ主要野菜14品目合計で11万560トンが出荷されている。しかし出荷量を経年的にみるならば、1990年の27万370トンから6割近くも減少しているように、年次による作況変動を考慮に入れても出荷量の減少は顕著である。

　埼玉県から出荷される野菜のうち産地集荷市場の取扱量を経年的にみるならば、1990年の4万8,530トン、1995年の4万4,330トン、2000年の3万9,400トン、2005年の2万7,000トンという数値から明らかなように、近年となるにしたがって減少する傾向にある。このため1990年を100.0とする指数についても2005年には55.6と大きく数値を減少させている。しかし、埼玉県産野菜の出荷量が大きく減少する局面にあっては、産地集荷市場の取扱量は減少しながらもその経由率では1990年の17.9％、1995年の21.0％、2000年の

第1章　青果物流通における産地集荷市場

表1-12　埼玉県における野菜集出荷の推移

単位：トン、％

		1990年	1995年	2000年	2005年
数量	合計（14品目）	270,370	210,970	194,480	110,560
	集出荷団体	200,470	161,430	147,800	82,500
	総合農協	139,090	116,830	114,700	67,100
	専門農協	-	-	-	-
	任意組合	61,380	44,600	33,000	15,400
	集出荷業者	21,370	5,210	7,280	1,060
	産地集荷市場	48,530	44,330	39,400	27,000
割合	合計（14品目）	100.0	100.0	100.0	100.0
	集出荷団体	74.1	76.5	76.0	74.6
	総合農協	51.4	55.4	59.0	60.7
	専門農協	-	-	-	-
	任意組合	22.7	21.1	17.0	13.9
	集出荷業者	7.9	2.5	3.7	1.0
	産地集荷市場	17.9	21.0	20.3	24.4
指数	合計（14品目）	100.0	78.0	71.9	40.9
	集出荷団体	100.0	80.5	73.7	41.2
	総合農協	100.0	84.0	82.5	48.2
	専門農協	-	-	-	-
	任意組合	100.0	72.7	53.8	25.1
	集出荷業者	100.0	24.4	34.1	5.0
	産地集荷市場	100.0	91.3	81.2	55.6

資料：『集出荷機構調査長期累年統計』による。
注：ラウンドの関係で合計と品目別の合計とは一致しない。

20.3％、2005年24.4％というように、返って引き上げられる結果となって現れている。

(3) 群馬県における産地集荷市場

最後に、群馬県における産地集荷市場の経年動向についてみると、概略は以下のとおりとなる。表1-13にあるように、同県では2005年において14品目合計で37万2,500トンの野菜が集出荷されており、このうち、産地集荷市場の取扱量は1万600トン、構成比では2.8％を占めている。

産地集荷市場の取扱量を経年的にみた場合、1990年は2万630トン、1995年は2万5,100トン、2000年では2万800トンとなっているように、この間に大きな変動は生じていない。しかし2005年の取扱量は1万600トンに過ぎず、2000年と比較して1万200トンもの減少がみられている。このため、1990年

表1-13 群馬県における野菜集出荷の推移

単位：トン、％

		1990年	1995年	2000年	2005年
数量	合計（14品目）	437,340	416,410	474,000	372,500
	集出荷団体	382,160	362,990	412,000	321,800
	総合農協	362,300	348,450	400,200	316,400
	専門農協	-	-	-	-
	任意組合	19,860	14,540	11,800	5,410
	集出荷業者	34,550	28,320	41,200	40,100
	産地集荷市場	20,630	25,100	20,800	10,600
割合	合計（14品目）	100.0	100.0	100.0	100.0
	集出荷団体	87.4	87.2	86.9	86.4
	総合農協	82.8	83.7	84.4	84.9
	専門農協	-	-	-	-
	任意組合	4.5	3.5	2.5	1.5
	集出荷業者	7.9	6.8	8.7	10.8
	産地集荷市場	4.7	6.0	4.4	2.8
指数	合計（14品目）	100.0	95.2	108.4	85.2
	集出荷団体	100.0	95.0	107.8	84.2
	総合農協	100.0	96.2	110.5	87.3
	専門農協	-	-	-	-
	任意組合	100.0	73.2	59.4	27.2
	集出荷業者	100.0	82.0	119.2	116.1
	産地集荷市場	100.0	121.7	100.8	51.4

資料：『集出荷機構調査長期累年統計』による。
注：ラウンドの関係で合計と品目別の合計とは一致しない。

を基準年とする指数も2005年には51.4と大きく数値を落としている。その結果、群馬県における野菜の産地集荷市場シェアをみた場合、1990年は4.7％、1995年は6.0％、2000年は4.4％であったものが、2005年には2.8％と大きく減少する結果となって現れている。

第6節　青果物流通における産地集荷市場の位置付け

本章においては、青果物の集出荷段階における産地集荷市場の位置付けについて、主として『平成18年青果物・花き集出荷機構調査結果』を基に確認してきたが、その内容をまとめるならば以下のとおりとなる。

第1に、青果物の産地段階における集出荷は個人出荷を除けば主として集

出荷団体、なかでも総合農協によって担われている。そして、それ以外の専門農協や任意組合、集出荷業者及び産地集荷市場のシェアはいずれも低く、これらはいわば総合農協を中心として構築された集出荷体制の「隙間」を埋めるような位置付け[15]というべきものである。

　第2に、産地段階の集出荷における産地集荷市場の位置付けは、地域によって大きく異なっている。野菜については茨城県、埼玉県及び愛知県において産地集荷市場シェアが高いという特徴があり、これら3県では産地集荷市場が重要な地位を占めている。同じく果実については青森県と茨城県のシェアが比較的高く、両県では集出荷において産地集荷市場が一定の地位を確保していると考えられる。

　第3に、産地集荷市場シェアを品目別にみた場合、野菜でははくさい、ねぎ、キャベツの3品目において高くなっている。その理由としては、地域毎に産地集荷市場の取扱品目が特化されるという傾向の存在があげられ、なかでも茨城県産のはくさい、埼玉県産のねぎ、愛知県産のキャベツにおいて産地集荷市場経由率が高く維持されていることによると考えられる。また、この点については青森県のりんごについても同様である。

　第4に、産地集荷市場シェアが高い茨城県、埼玉県及び群馬県産の野菜のうち、茨城県については市場取扱量は増大する傾向にあるが、埼玉県と群馬県については作況の年次変動を考慮しても減少傾向が顕著である。

　以上から、野菜の集出荷機構として産地集荷市場のシェアは総体的に低いものの、地域と品目によっては産地段階の集出荷において重要な位置付けを占めていることが明らかとなった。しかし、茨城県を除けば産地集荷市場シェアが高い県においても取扱量は減少傾向が認められるなど、将来的に市場が存続していくためには課題が多いことも確認された。

注
1）『平成24年版卸売市場データ集』による。
2）これらの市場以外にも消費地市場として規模未満市場が存在するが、取扱量については僅かであると考えられる。

3）総合農協とは農業協同組合法で定める農協のうち、一般に組合の行う事業として信用事業とその他の事業（共済、購買、販売等）を併せて行うものをいう。
4）専門農協とは農業協同組合法で定める農協のうち、一般に組合の行う事業が特定作目を対象としているか、あるいは1事業に限定されているものをいう。
5）『平成18年青果物・花き集出荷機構調査報告』では14品目の野菜を調査対象としていることから、ここでいう野菜を取り扱う集出荷組織とはこれら14品目のいずれかを扱うものを意味している。なお、調査対象となった野菜は、キャベツ、きゅうり、さといも、だいこん、タマネギ、トマト、なす、にんじん、ねぎ、はくさい、ばれいしょ、ピーマン、ほうれんそう、レタスである。
6）総合農協の再編によって、2013年11月現在の組合数は704組合にまで減少している。
7）『平成18年青果物・花き集出荷機構調査報告』では全国の任意組合数が342組合とされているが、本書第4章で検討する群馬県中毛地域C社に出荷する出荷組合だけでも130組合であることを考慮するならば、342組合はあまりにも少ない感がある。任意組合はあくまでも出荷者による任意の組織であり、行政機関等によってすべてが把握されているとは限らないことから、実際にはさらに多くの組合が存在していると考えられる。また、このことは集出荷業者についても同様であると考えられ、実態と調査結果にはいくらかの乖離が存在する可能性を指摘しておきたい。
8）『平成18年青果物・花き集出荷機構調査報告』では18品目の果実を調査対象としていることから、ここでいう果実を取り扱う集出荷組織とはこれら18品目のいずれかを扱うものを意味している。なお、調査の対象となった果実は、みかん、なつみかん、はっさく、いよかん、ネーブルオレンジ、りんご、ぶどう、日本なし、西洋なし、もも、おうとう、びわ、かき、くり、うめ、すもも、キウイフルーツ、パインアップルである。
9）集出荷業者の減少は、本書第2章で検討する茨城県西地域の産地集荷市場において、青果物の調達を行う産地集荷業者が減少しつつあることからも間接的に裏付けられる。
10）本書第2章で検討する茨城県西地域の産地集荷市場からは、同地域内に未認可の産地集荷市場が存在していることが指摘されている。
11）『平成24年産野菜生産出荷統計』によれば、2012年における全国のはくさい出荷量72万3,400トンのうち、茨城県産が最も多く21万9,400トンを占めている。
12）『平成24年産野菜生産出荷統計』によれば、2012年における全国のねぎ出荷量38万2,800トンのうち、埼玉県産の4万8,600トンは千葉県産の6万トンに次いで多い。
13）『平成24年産野菜生産出荷統計』によれば、2012年における全国のキャベツ収穫量126万5,000トンのうち、愛知県産の24万8,000トンと群馬県産の22万6,800

トンが多くなっている。
14)『平成24年産果樹生産出荷統計』によれば、2012年における全国のりんご出荷量70万8,400トンのうち、青森県産が最も多く40万2,600トンを占めている。
15)［1］のp.131において、1981年の時点で埼玉県深谷市等の産地集荷市場から「集散市場体系の隙間を縫って、京浜地帯外延、東北、北海道はもとより九州地方にまで」転送が行われていたことが指摘されている。

引用文献
［1］新井鎮久『産地市場・産地仲買人の展開と産地形成：関東平野の伝統的蔬菜園芸地帯と業者流通』成文堂、2012年、p.209。

第2章

茨城県西地域における産地集荷市場の性格変化

第1節　本章の課題

　茨城県は首都圏という一大消費地域に後背する生産地域として、野菜を中心とする園芸生産が盛んに展開されており、現在においては全国的にも有数の野菜生産県となっている。また、同県における青果物の集出荷は、農協共販を含む多様な方法によって担われることで、京浜地方をはじめとする全国の消費地に対する搬出が行われている。なかでも同県の県西地域[1]における野菜の集出荷は、歴史的な経緯もあって地域内に多数存在する産地集荷市場によって盛んに行われるという特徴を有している。この場合、主として個人出荷者等から集荷された野菜が産地集荷市場においてとりまとめられ、そこで購入した集出荷業者が全国の消費地市場等に転売することを通じて分荷が行われている。

　このように、同地域においては産地集荷市場による集出荷が盛んに行われているが、後述するように、一部の市場においては従来からの産地集荷市場としての機能・役割に加えて卸売業者と集出荷業者等との間で契約的な取引が試行されたり、別会社として設立した集出荷業者を通じて卸売業者が分荷にまで機能を拡大する等の取り組みが展開されている。そして、このような取り組みが行われることによって、産地集荷市場の基本的な性格が質的に変容しつつある可能性を想定することができる。

　このため、本章においては茨城県西地域の青果物産地集荷市場や農協等を対象として実施した実態調査を基に、産地集荷市場における集出荷の現状について把握するとともに、卸売業者が新たな取り組みを行うことによっても

たらされた市場機能の多様化やそれに伴う性格変化、及びその意義について明らかにすることを課題とする。

第2節　茨城県西地域の青果物生産と卸売市場

(1) 茨城県西地域における青果物の生産・流通

　本研究の対象となる茨城県及び県西地域の農業について表2-1に基づいて確認すると、概略は以下のとおりとなる。なお、茨城県西地域の所在地については図2-1のとおりである。

　茨城県の経営耕地面積は2010年の段階で12万3,900haであり、その内訳は田が7万7,678ha、畑が4万1,221ha、そして樹園地が5,000haである。県西地域については経営耕地面積が3万7,590haであり、このうち田が2万4,472ha、畑が1万2,315ha、樹園地が802haとなっている。また、経営耕地面積に占める各地目の割合を確認するならば、県西地域では田が65.1％、畑が32.8％、樹園地が2.1％という構成である。これを、全国及び茨城県と比較するならば、県西地域で田の構成比がやや高いことを除けば大きな傾向の差は確認できな

表2-1　茨城県西地域の経営耕地面積（2010年）

単位：千ha、ha、％

		面積				割合		
		合計	田	畑	樹園地	合計	田	畑	樹園地
全国		3,632	2,046	1,372	214	100.0	56.3	37.8	5.9
茨城県		123,900	77,678	41,221	5,000	100.0	62.7	33.3	4.0
県西地域		37,590	24,472	12,315	802	100.0	65.1	32.8	2.1
	古河市	3,625	1,775	1,814	35	100.0	49.0	50.0	1.0
	結城市	2,717	1,259	1,420	38	100.0	46.3	52.3	1.4
	下妻市	3,233	2,477	577	180	100.0	76.6	17.8	5.6
	常総市	4,570	3,549	988	32	100.0	77.7	21.6	0.7
	筑西市	9,270	7,189	1,785	295	100.0	77.6	19.3	3.2
	坂東市	3,755	1,919	1,754	81	100.0	51.1	46.7	2.2
	桜川市	4,140	2,758	1,345	37	100.0	66.6	32.5	0.9
	八千代市	3,808	1,852	1,892	65	100.0	48.6	49.7	1.7
	五霞町	862	806	55	2	100.0	93.5	6.4	0.2
	境町	1,610	888	685	37	100.0	55.2	42.5	2.3

資料：『茨城農林水産統計年報　平成23年～24年』による。
注：ラウンドの関係から、地目ごとの合計値は合計に一致しないことがある。

第2章　茨城県西地域における産地集荷市場の性格変化

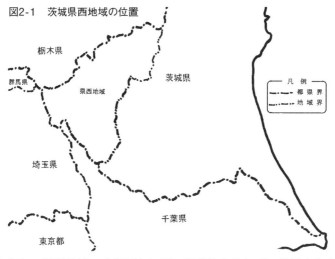

図2-1　茨城県西地域の位置

い。しかし、県西地域の市町ごとに畑の構成比をみれば、結城市や古河市、八千代市、坂東市、境町では畑が50％程度と高い割合を占めている。

　続いて、**表2-2**を基に農業経営体についてみれば、茨城県には2010年段階で7万1,542の経営体があり、うち6万4,341が販売を行っている。また、県西地域では1万8,614の経営体が存在しており、このうち1万7,201が販売を行うものである。続いて、単一経営経営体[2]の構成についてみると、茨城県では主に野菜を生産する経営体の構成比が10.6％であり、うち露地野菜が6.5％、施設野菜が4.1％となっているように、全国と比較して野菜を生産する経営体が高い割合を占めている。これを県西地域で確認すれば野菜の単一経営経営体は16.1％と県平均以上に高い割合となっており、これは主として露地野菜の13.5％によってもたらされたものである。さらに市町別にみた場合、坂東市や古河市、八千代市、結城市、境町で露地野菜を生産する経営体の割合が高くなっている。ちなみに、これら市町はいずれも青果物の産地集荷市場が比較的多く存在する地域に該当している。

　ここまで、茨城県及び県西地域の農業について確認してきたが、以上に加えて同県の2010年における野菜産出額が1,743億円[3]となっていることから

表2-2 茨城県西地域の農業経営体（2010年）

単位：実数、％

			農業経営体	販売あり	単一経営				
						野菜	露地野菜	施設野菜	果樹
経営体数	全国		1,679	1,507	1,180	128	81	47	136
	茨城県		71,542	64,341	52,096	7,608	4,643	2,965	2,337
		県西地域	18,614	17,201	14,587	3,005	2,517	488	429
		古河市	2,057	1,833	1,498	618	606	12	7
		結城市	1,250	1,191	954	310	295	15	21
		下妻市	1,699	1,638	1,482	60	36	24	121
		常総市	2,560	2,424	2,232	130	75	55	11
		筑西市	3,701	3,554	2,828	308	64	244	192
		坂東市	2,353	2,136	1,844	843	813	30	14
		桜川市	2,066	1,744	1,563	116	26	90	23
		八千代市	1,296	1,272	998	385	373	12	38
		五霞町	643	529	468	2	0	2	0
		境町	989	880	720	233	229	4	2
割合	全国		100.0	89.7	70.3	7.6	4.8	2.8	8.1
	茨城県		100.0	89.9	72.8	10.6	6.5	4.1	3.3
		県西地域	100.0	92.4	78.4	16.1	13.5	2.6	2.3
		古河市	100.0	89.1	72.8	30.0	29.5	0.6	0.3
		結城市	100.0	95.3	76.3	24.8	23.6	1.2	1.7
		下妻市	100.0	96.4	87.2	3.5	2.1	1.4	7.1
		常総市	100.0	94.7	87.2	5.1	2.9	2.1	0.4
		筑西市	100.0	96.0	76.4	8.3	1.7	6.6	5.2
		坂東市	100.0	90.8	78.4	35.8	34.6	1.3	0.6
		桜川市	100.0	84.4	75.7	5.6	1.3	4.4	1.1
		八千代市	100.0	98.1	77.0	29.7	28.8	0.9	2.9
		五霞町	100.0	82.3	72.8	0.3	0.0	0.3	0.0
		境町	100.0	89.0	72.8	23.6	23.2	0.4	0.2

資料：『茨城.農林水産統計年報 平成23年～24年』による。
注：0は単位に満たないものである。

明らかなように、茨城県は有数の野菜生産県ということができる。なお県西地域の野菜産出額は、少し古い数字になるが2006年の段階で532億円[4]である。同県で生産される野菜の主要品目を2011年の出荷量ベース[5]でみた場合、はくさい、キャベツ、レタス、だいこん等の葉物野菜や根菜類等といった、いわゆる重量野菜が多く生産される傾向がある。

県西地域における青果物の集出荷方法に関しては、地域内等の産地集荷市場や消費地市場への個人出荷だけでなく、農協等を通じた共販や農産物直売所での販売、さらには個人で設置した店舗等における庭先直売など多用な方

第2章　茨城県西地域における産地集荷市場の性格変化

表2-3　農産物の出荷先別販売経営体数（2010年）

単位：千×実数、実数、％

			販売経営体	集出荷団体 農協	集出荷団体 農協以外	卸売市場	小売業者	加工・外食	消費者	その他
経営体数	全国		1,507	1,108	200	156	107	24	329	75
	茨城県		64,341	34,096	14,919	7,917	10,913	831	11,560	3,118
		県西地域	17,301	10,042	3,660	2,894	1,993	218	2,618	593
		古河市	1,833	551	387	695	364	35	322	111
		結城市	1,191	687	177	328	137	19	201	48
		下妻市	1,638	1,144	235	78	207	14	204	47
		常総市	2,424	1,445	533	159	359	24	451	63
		筑西市	3,554	2,238	820	477	368	37	416	132
		坂東市	2,136	1,005	511	446	227	18	342	60
		桜川市	1,844	1,385	290	102	144	40	350	51
		八千代市	1,272	900	224	408	69	19	124	23
		五霞町	529	306	174	6	34	2	94	27
		境町	880	381	309	195	84	10	114	31
割合	全国		100.0	73.6	13.3	10.3	7.0	1.6	21.8	4.9
	茨城県		100.0	53.0	23.2	12.3	17.0	1.3	18.0	4.8
		県西地域	100.0	58.0	21.2	16.7	11.5	1.3	15.1	3.4
		古河市	100.0	30.1	21.1	37.9	19.9	1.9	17.6	6.1
		結城市	100.0	57.7	14.9	27.5	11.5	1.6	16.9	4.0
		下妻市	100.0	69.8	14.3	4.8	12.6	0.9	12.5	2.9
		常総市	100.0	59.6	22.0	6.6	14.8	1.0	18.6	2.6
		筑西市	100.0	63.0	23.1	13.4	10.4	1.0	11.7	3.7
		坂東市	100.0	47.1	23.9	20.9	10.6	0.8	16.0	2.8
		桜川市	100.0	75.1	15.7	5.5	7.8	2.2	19.0	2.8
		八千代市	100.0	70.8	17.6	32.1	5.4	1.5	9.7	1.8
		五霞町	100.0	57.8	32.9	1.1	6.4	0.4	17.8	5.1
		境町	100.0	43.3	35.1	22.2	9.5	1.1	13.0	3.5

資料：『茨城農林水産統計年報 平成23年～24年』による。
注：1経営体の販売先は複数の場合があるため、各項目の合計値は総合計に一致しない。

法によって行われている。ここで、**表2-3**に基づいて茨城県及び県西地域における農作物の販売方法について確認するならば、おおよそ以下のとおりとなる。なお、同表は米麦を含んでいるだけでなく、各業態への販売量ではなく販売実態の有無について単純集計したものとなっていることから、販売量や販売額の割合を正確に示したものではない。

　同表によれば、集出荷団体に出荷している経営体は全国平均で73.6％であるのに対し、茨城県では53.0％と低い割合となっている。また、県西地域では58.0％と県平均よりいくらか高い傾向にある。一方、産地集荷市場を含む卸売市場に販売している経営体の構成比は全国で10.3％、県全体では12.3％

を占めているのに対し、県西地域では16.7％となっていることから、同地域は卸売市場への出荷が盛んな地域である。ところで、同地域の生産者が卸売市場に出荷する場合、東京都内等の拠点的な消費地市場までは直線距離で40〜60kmもあることから個人で輸送するには負担が大きく、このため個人出荷者の多くは県内等、比較的近距離の市場が出荷の対象となっていると考えられる。

　また、販売先のうち農産物直売所を含む小売業者は県全体で17.0％であるのに対し、県西地域では11.5％と低くなっており、庭先直売を含む消費者への直接販売についても県の18.0％に比べて15.1％と低い割合である。このような傾向になる理由としては、同地域は古河駅周辺を除けば地域外との鉄道によるアクセスが悪く、このため都市化の進展による消費人口の集積が比較的緩やかであることに加えて、地域内の観光資源も決して豊かとはいい難いことから、休日等における外部人口の流入も少ないことが想定される。

　以上、県西地域における農産物の販売方法についてみてきたが、総じて農協共販の占める割合が低い一方で、産地集荷市場を含む地元市場等への出荷割合が高い地域ということができる。

（２）茨城県西地域における卸売市場の設置状況

　本章の研究対象となる県西地域には、2009年段階で青果物の地方卸売市場が15市場、小規模市場が５市場設置されている[6]。しかし、そのなかには活動を休止していたり、活動実態を確認できない市場も含まれていることから、実際に集出荷を行っているのは14の地方卸売市場と１つの小規模市場となっている。これら活動実態のある市場の総取扱額は野菜が250億660万円、果実が22億9,200万円、加工食品を含む合計では275億400万円である。

　そして、これら15市場のうち産地集荷市場としての性格が強いものは13市場[7]とされているように、同地域には青果物の産地集荷市場が多数存在している。また、後述するようにこれら市場の多くは1950年代から60年代にかけて設置されたものであることから、比較的歴史の浅い市場となっている。

第2章　茨城県西地域における産地集荷市場の性格変化

　以上みてきたように、茨城県西地域は野菜生産が盛んな地域であることに加えて、青果物の産地集荷市場が多数存在するという特徴があることを踏まえるならば、本研究の対象地域としての適性が高い地域ということができる。

第3節　地域内農協の出荷対応

　本節では、茨城県西地域に所在する産地集荷市場の分析を行う前段階の整理として、同地域の農協における集出荷について確認したい。同地域には4つの総合農協が存在しているが、ここでは野菜生産の盛んな板東市を管轄するⅠ農協の出荷対応[8]についてみると、概略は以下のとおりとなる。なお、Ⅰ農協の本部所在地については後掲の図2-2を参照されたい。

　Ⅰ農協では、1968年8月の設立時から現在に至るまで共販が実施されており、表2-4にあるように2009年の段階において516人の出荷者から青果物を集荷し、年間68億5,588万円を消費地市場に対して販売している。このうち、品目的にはねぎの48.2％とレタスの38.0％の割合が高くなっているが、それ以外にも葉菜類や果菜類を中心に多くの品目が取り扱われている。2011年現在、Ⅰ農協は青果物を消費地市場の卸売業者50社に出荷しており、出荷先の地域では京浜地方を中心とする関東が約60％、その他の地域が約40％となっている。このうち、京浜地方については拠点的な市場が主要な出荷対象である。

　Ⅰ農協の出荷戦略は、継続的な取引関係のある特定の卸売業者を対象として、当該市場における多少の相場変動に係わらず、安定・継続的な出荷を維

表2-4　Ⅰ農協の青果物出荷概要（2009年）

単位：百万円、実数、％

管轄	販売額	出荷者数	取扱品目	手数料率	出荷先		備考
					業態	地域	
板東市	6,855	516	ねぎ　48.2 レタス　38.0 その他　13.8	15	消費地市場 （卸売業者）	関東　約60 その他　約40	品目数は10以上。 出荷先は50社。 一部は契約取引。

資料：ヒアリング（2011年）による。

持するという対応をとっている。同農協がこのような出荷を行う理由としては、継続的に出荷することを通じて卸売業者の信頼を得る点があげられている。市場への出荷方法は委託となっているが、卸売業者に対し産地としての希望価格を提示している。なお、出荷手数料は農協が15％、農協連合会は0.7％である。

　Ⅰ農協の販売動向を長期的にみるならば、1999年当時の出荷先は京浜地方を中心とする関東とそれ以外の地域とが相半ばしていたことから、この間に出荷先は京浜等へとシフトしている。出荷先地域がシフトした理由としては、京浜以外の市場は長期間にわたる消費減退によって相場が低迷していたことに加えて相場変動も大きい傾向があったのに対し、京浜地方は総体的に需要が安定しており、このため市場相場も比較的安定的に維持されていた点があげられている。また、この間に出荷先の市場数は55社から50社へと減少しているが、これは卸売業者の合併によって生じたものであり、1999年以降、Ⅰ農協の側から出荷を停止した市場はない。同農協としても、出荷経費削減を目的として出荷先の集約化を検討した経緯はあるが、市場における相場低迷時を想定した場合は現在の市場数でも決して十分ではないとの判断から、従来からの出荷先を維持しながら現在に至っている。

　このようにⅠ農協は市場出荷を中心としながらも、一方では10年以上前からレタス等取扱数量の大きな一部品目を対象として、都内市場の卸売業者に対する契約取引が行われている。この場合、商流上は都内市場への委託出荷となっているが、実際には対象品目における出荷予定量の20％を上限として、卸売業者と事前協議を行うことで数量と価格を設定するという方法によって取引が行われている。取引価格の設定は契約時に取り決めたシーズン価格を基にして、納品前月に再度月間価格として再調整されている。取引数量の上限を出荷予定量の20％に設定した理由としては、契約品についても共販品と共にプール精算が行われることから、市場相場の変動に伴う契約価格と共販価格との乖離から生じる経営上のリスクを契約数量に上限を設けることによって、一定程度に抑制する点があげられている。なお、契約取引品は消費

者市場の卸売業者を介して最終的に量販店へと供給されているが、同農協としても契約取引の供給先となる量販店について、おおよそではあるが把握しているとのことである。

以上、Ｉ農協の出荷対応について概観したが、同農協では契約取引を行いながらも主として大消費地の拠点市場を中心に、市場相場に関わらず継続的な出荷を行うことによって市場からの信頼を獲得し、安定的な販売を実現するという出荷対応がとられている。

第4節　調査対象市場の概要

本節以降においては、茨城県西地域に所在する青果物産地集荷市場等の卸売業者7社に対し、2010年9月から12月にかけて実施したヒアリング結果に基づいて検討を行う。なお、2008年における7社の合計取扱額は、同地域の消費地市場を含む卸売市場取扱総額の78.5％[9]を占めている。調査対象市場の概要について取りまとめたものが表2-5であり、その所在地については図2-2のとおりである。これら7市場の設立形態はいずれも民設民営市場であ

表2-5　調査対象市場の概要

単位：百万円

	所在地	年間取扱額（2008年度）			取引時間	市場の性格	設立年	設立の経緯	備考
			野菜	果実	その他					
A社	古河市柳橋	2,059	2,059	0	0	16:30	産地市場	1974	集出荷業者が設立	
B社	下妻市村岡	3,288	2,820	468	0	15:00	産地市場	1967	集出荷業者が設立	E社と資本関係あり。
C社	坂東市生子	1,701	1,680	21	0	17:00	産地市場	1965	集出荷業者が設立	
D社	古河市上辺見	919	778	46	95	8:00 16:00	産地市場	1961	他市場から分離・独立	朝市は約2％。
E社	古河市諸川	3,738	3,726	12	0	16:00	産地市場	1963	集出荷業者が設立	B社と資本関係あり。
F社	坂東市鵠戸	6,551	6,441	110	0	16:00	産地市場	1965	集出荷業者が設立	
G社	筑西市乙	3,209	2,502	673	34	7:00	消費地市場	1956	青果物問屋が設立	産地集荷市場的な性格あり。

資料：茨城県資料及びヒアリング（2010年）による。

図2-2 調査対象市場の所在地

り、茨城県から地方卸売市場としての認可を受けている。各社の概要について個別に確認するならば、概略は以下のとおりとなる。

①A社

　A社は古河市柳橋にある夕市市場である。同社は1974年に集出荷業者であった現経営者の先代によって設立されており、県西地域で認可を受けた市場のなかでは最も新しい産地集荷市場となっている[10]。同社の2008年の取扱額は20億5,900万円である。なお、A社は幹線道路である国道新4号線バイパスに隣接して設置されており、京浜地方や東北各県とのアクセスの良い立地環境にある。

②B社

　B社は下妻市村岡に所在する昼市市場であり、取扱額は32億8,800万円である。同取扱額のうち果実が4億6,800万円を占めているように、同社には他の産地集荷市場と比較して果実の取扱額が大きいという特徴がある。B社は集出荷業者によって1967年に設立されているが、同社と後述のE社とは設立時から資本関係が存在している。そして、現在においても両社には共通の役員が存在しているが、集分荷に関してはそれぞれ独立した経営が行われている。

　なおB社によれば、県西地域に産地集荷市場が多数設立される以前の段階においては集出荷業者が出荷者を巡回し、いわゆる「庭先集荷」を行うことによって消費地等に対する青果物の搬出が行われていたとのことである。そして、同地域の産地集荷市場の多くは、地域内の集出荷業者のなかで土地を所有していたり、資本力のあるものによって設立されたケースが多かった点が指摘されている。

③C社

　C社は坂東市生子にある夕市市場であり、年間取扱額は17億100万円である。同社は1965年に、集出荷業者によって設立されている。なお、県西地域の産地集荷市場の多くが集出荷業者によって設立された点は、C社からも指摘されている。

④D社

　D社は古河市の市街地に近い上辺見にある。同社は1961年に、当時の古河市における中心的な消費地市場であった古河青果地方卸売市場の卸売業者から、一部の職員が分離独立することによって朝市市場として設立されている。後述のように、現在のD社は夕市を主とする産地集荷市場として取扱額の大部分を集出荷業者へと販売しているが、設立当時においても取扱品の約70%は集出荷業者によって他市場へと搬出されていたことから、設立当初から産

地集荷市場としての性格の強い市場であった。D社の年間取扱額は9億1,900万円となっているが、調査時現在においても全体の2％程度は朝市によって取引されている。

⑤E社

　E社は古河市諸川にあり、1963年に集出荷業者によって夕市の産地集荷市場として設立されている。同社の取扱額は37億3,800万円である。なお、前述のようにE社は設立時からB社との資本関係があり、現在でも両社に共通の役員が存在している。

⑥F社

　F社は集出荷業者であった現経営者の先代によって、1965年に夕市市場として設立されている。同社は坂東市鵠戸にあり、年間取扱額が65億5,100万円というように同地域の産地集荷市場のなかでは最大規模の市場である。また、同社にはこの10年間、毎年約1億円のペースで取扱額を伸ばしてきた[11]という経緯が存在している。

⑦G社

　G社は筑西市乙にあり、地元の青果物問屋によって1956年に朝市市場として設立されている。G社は他の調査対象と異なって、消費地市場という性格の市場である。しかし、G社は設立当初から取扱額の約半分を集出荷業者に販売しており、2010年現在においても約25％は仲卸業者を通じて産地集荷業者へと再販売されていることから明らかなように、一貫して産地集荷市場的な性格を有する市場である。なお、同社の2008年の取扱額は32億900万円となっている。

　以上、調査対象の概要について確認してきたが、これをまとめるとA・B・C・E・Fの5社の産地集荷市場はいずれも集出荷業者を母体として、1960

年前後に設立[12]されている。また、D社は他市場から分離独立した市場であるが、設立当時から産地集荷市場的な性格が強く、後述するように1994年の取引時間の変更によってその性格はより強まる結果となっている。一方、G社は消費地市場として設立されているが、当初から産地集荷市場的な性格を併せ持っており、このような性格は現在までも継承されている。

　ここで、県西地域に多数の産地集荷市場が設立された理由について検討すると、おおよそ以下のとおりとなる。B社等へのヒアリング結果を総合すれば、県西地域は大消費地に近いという立地環境も手伝って、産地集荷市場が設立される以前の段階から青果物生産が盛んであった。そして、当時の生産者は地域内の消費地市場に出荷する一方で、地域内を巡回する多数の集出荷業者に対しても青果物を販売し、集出荷業者の分荷機能を通じて遠隔地の消費地市場等に搬出されるという行為が広汎に行われていた。しかし、このような方法では集出荷業者の作業及び経費負担が大きく、出荷者にとっても価格形成が不透明であるという不満が存在していた点が指摘されている。また、県西地域では1960年代当時から農協共販の動きがあった[13]ことから、集出荷業者はそれにも対抗する必要性が生じていた可能性が高い。

　このような状況を背景として、県西地域の集出荷業者が産地集荷市場を設立した理由について推測するならば、以下の2点をあげることができる。①出荷者によって選別・調整が行われた荷を市場に搬入してもらうことにより、集出荷業者の集荷に要する諸負担の軽減が実現される。②セリという公開性の高い方法によって価格形成を行うことを通じて、出荷者の価格に対する不満の解消が可能となる。

　そして、市場を設立するにあたっては、用地確保や関連施設の設置が必要となることから、集出荷業者のなかでも土地を所有していたり、ある程度の資本力のあるものが母体になった点が指摘されている。

第5節　市場の集荷実態等

(1) 市場の集荷実態

　本節においては、調査対象となった市場における青果物の集荷実態について検討を行う。調査対象市場の集荷概要については表2-6のとおりである。

①A社

　A社の集荷先は市場所在市である古河市内の割合が約70％と高く、全量が個人[14)]からの委託集荷となっている。出荷者数は登録では約500人であるが、出荷実績があるのはこのうち約300人、さらに常時出荷者でみるならば約200人となっている。A社の取扱品目数は約15品目であり、このうちキャベツが約60％を占めていることから明らかなように、比較的特定の品目に特化した市場である。A社は高齢生産者を主な対象とする巡回集荷を行っているが、割合的には約1％程度に過ぎない。

　A社の出荷者には、他の産地集荷市場や農協を販売先として併用するものが含まれており、このような出荷者は出荷先の相場を品目ごとに比較しながら使い分ける傾向がある。また、品目と出荷先との関係では、キャベツやはくさい等に代表される葉菜類のように出荷量が大きくなる品目については、大ロットによる出荷が高評価につながりやすい産地集荷市場に出荷される傾向がある。

②B社

　B社の出荷者の所在地は八千代町内の割合が約90％と高く、次いで下妻市内の約10％となっている。同社の出荷者数は約150人である。B社は後述するように生産者や実需者と契約取引を行っているが、契約品も商流上は委託としていることから全量が委託集荷である。品目的には市場周辺地域の生産品目が広く取り扱われている。なお、B社の特徴として果実の取扱額が大き

第2章　茨城県西地域における産地集荷市場の性格変化

表2-6　市場の集荷概要

単位：％、人

	集荷方法	出荷者の業態構成	個人出荷 常時出荷者数	個人出荷 所在地	主要品目構成	巡回集荷の有無	備考
A社	委託 100	個人 100	約300	古河市 約70 結城市 約10 境町 約10 小山市等 約10	キャベツ 約60 はくさい 約20 その他 約20	有	巡回集荷は1％程度。
B社	委託 100	個人 100	約150	八千代町 約90 下妻市 約10	野菜全般 メロン 約14	無	出荷者数は恒常的出荷者のみ。契約栽培品の集荷あり。
C社	委託 100	個人 100	200～300	市場周辺 約99 長野県 約1	野菜全般	無	殆どが坂東市と境町。長野県はC社が出荷を依頼。
D社	委託 100	個人 100	300～350	古河市 約83 小山市 約17	キャベツ 約40 その他 約60	無	出荷者は旧総和町が約50％。
E社	委託 100	個人 100	約700	古河市 約40 結城市 約40 八千代町 約20	野菜全般	有	巡回集荷は10～20％。 巡回集荷は運送業者委託。
F社	委託 100	個人 98 生産法人等 2	約1,200	坂東市 約40 境町 15～20 その他 40～45	はくさい ねぎ レタス キャベツ等	有	一部は千葉県から集荷。巡回集荷は約30年前に開始。巡回集荷は数％程度。
G社	委託 70～80 買付 20～30	個人 70～80 他市場 20～30	200～300	結城市 約35 筑西市 約20 桜川市 約20 その他 約25	はくさい トマト きゅうり等	有	買付先は都内市場。 その他は栃木県を含む。 巡回集荷品は小売業者等に販売。

資料：ヒアリング（2010年）による。
注：出荷者の業態のうち、個人には出荷組合名義のものが含まれている。

45

いことはすでにみたが、これは同社におけるメロン取扱量の多さによるものである。

③C社

　C社は市場周辺に所在する200〜300人の個人出荷者から、全量を委託によって集荷している。出荷者の殆どは坂東市内及び境町内に所在しているが、後述するように長野県内の生産者に出荷を依頼する方法によっても集荷が行われている。C社の取扱品目は、市場周辺地域で生産される野菜全般が対象となっている。

④D社

　D社は全量を300〜350人の個人出荷者から委託集荷している。出荷者の所在地は古河市内が約83％を占めており、このうち旧総和町内の割合が約50％と高くなっている。品目的にはキャベツが約40％と高い割合を占めているが、総品目数では約40品目というように多品目が取り扱われている。

　ここで、D社の出荷者が地元農協ではなく産地集荷市場を出荷先として選択する理由について確認するならば、同社は以下の２点を指摘している。①農協の手数料率と比較して産地集荷市場の手数料率は低くなっている[15]ことから、価格が同じならば産地集荷市場の方が農家手取りが多くなる。②産地集荷市場は相場変動が大きいが、良い荷を出荷できるならば高く評価される傾向が顕著であることから、技術力の高い出荷者は市場に出荷する傾向がある。言い換えれば、高品質品を生産できる出荷者が農協に出荷した場合、その出荷品は他の出荷者のものと一括りに評価されることによって、本来の価値より低い価格で取引されてしまうことになる。

　そして、上記の理由に加えて農協の価格は東京都内等の消費地市場の相場に規定されて低値安定となる傾向にあることから、A社の出荷者のなかには高品質品を産地集荷市場に出荷し、それ以外については農協を利用するものが含まれている点も指摘されている。

⑤ E社

　E社については全量が約700人の個人出荷者から委託集荷されており、これら出荷者の所在地は古河市内と結城市内がそれぞれ約40％を占めている。品目的には葉菜類を中心に多くの品目が取り扱われている。

　E社の集荷に関しては巡回集荷の割合が高いという特徴があり、時期にもよるが全体の10～20％程度は恒常的に同方法によって集荷されている。同社によれば、巡回集荷は出荷者の高齢化に伴って、今後、さらに増加することが予想されている。

⑥ F社

　F社の集荷方法は全量が委託であり、出荷者の所在地は坂東市内が約40％と多くなっているが、市外からも相当量が集荷されている。同社の出荷者数は約1,200人である。なお、前述のようにF社の取扱額は経年的に増加する傾向にあるが、それは出荷者数の増大によるところが大きい。そして、これら出荷者の所在地は、集荷量の増大に伴って地理的に外延化しつつある。また、F社は約30年前から巡回集荷を行っており、現在では集荷量の数％程度を占めているが、その対象は市場周辺の小規模な出荷者が中心となっている。F社に集荷される品目は、はくさい、ねぎ、レタス、キャベツ等をはじめとする約30品目であるが、これらの多くは集荷地域を同じくするⅠ農協と共通している。

　ここで、産地集荷市場と農協の関係についてみると以下のとおりである。F社によれば、都内市場の相場低迷によって農協の価格が低い時期には同社への入荷量が増加し、一方、農協価格や他の産地集荷市場の相場高騰時には同社への入荷量が減少する傾向にあるとしている。このことは、多くの生産者が農協や他市場の相場をみながら出荷先を選択するという出荷行動をとっていることを意味している。また、産地集荷市場は農協と異なって出荷品の選別や数量等に関する規制が少なく、選別の悪いものや小ロット品であったとしても問題なく受け入れてもらえるという点も、出荷者が産地集荷市場に

出荷する場合の選択要因の一つであるとしている。

⑦G社
　G社は全体の70～80％を個人出荷者から委託集荷しており、残りの20～30％は他市場からの転送によって買い付けている。このうち、前者については市場周辺地域に所在する200～300人が対象であり、その構成は結城市内が約35％、筑西市内が約20％、桜川市内が約20％等となっている。個人から集荷される主な品目は、キャベツ、はくさい、トマト、きゅうり等があげられる。
　なお、G社は消費地市場ということもあって、他市場からの転送品は基本的に地域内の小売業者等に供給されており、集出荷業者によって最終的に他地域の消費地市場等へと搬送されるものについては、個人出荷品のなかでもロットの大きなキャベツやはくさい等が中心となっている。

　以上、調査対象市場の集荷概要についてみたが、消費地市場であるG社が転送集荷を行っているのを除けば、集荷はいずれも市場周辺の生産者から委託によって行われる傾向が強い。また、出荷者のなかには産地集荷市場と農協を併用しているものも存在しており、出荷品の品質によって出荷先を使い分けたり、同じ品目でもその時々の相場によって出荷先を変更するという対応がとられている。このことは、農協と産地集荷市場との間に集荷をめぐる競争関係が存在していることを意味している。
　なお、出荷者のこのような対応が許容される理由としては、複数の出荷先を併用する出荷者はその時々における相場の高い市場、言い換えれば当該市場において入荷量が足りない時期に出荷を行うことから、荷を受け入れる市場等にとっても必要数量の確保につながる点をあげることができる。また、出荷者のこのような出荷対応は、産地集荷市場が集荷量を安定的に確保していくためには、総体的に高い相場を継続的に維持していくことが重要であることを示している。

第2章　茨城県西地域における産地集荷市場の性格変化

（2）青果物の調製方法

　ここで、表2-7を基に調査対象市場における選別基準と出荷容器について確認すると、おおよそ以下のとおりとなる。

　調査対象市場で推奨されている選別基準については、市場独自の基準がA社、地域の慣行基準とするのがB・C・D・E・Gの5社、県が定めた基準がF社となっている。しかし、実際にはいずれの基準にも大きな相違はなく、総じて標準化されたものということができる。このように選別基準が標準的となる理由としては、茨城県西地域の産地集荷市場で取り扱われた青果物は後述のように集出荷業者を介して全国の消費地市場へと転送されることから、どの消費地市場においても受入可能な標準的な規格によって選別・調製されることで、汎用性の高い商品となることが求められていることによる。この点については品種や品質、栽培方法等についても同様であり、いずれも汎用性の高いことが産地集荷市場で取り扱われる前提となっている。そしてこのことは、県西地域の産地集荷市場におけるマーケティング戦略として、商品差別化は適し難いことを意味している。

　続いて出荷容器については、いずれの市場においても市場オリジナルのものが定められている。このうち、A・D・Eの3社はその使用を義務付けており、B社については義務としながらも品薄時に限って他の容器のものでも受け入れている。そして、出荷容器を指定する理由としては、B社によれば出荷元を明らかにすることによって消費地市場における信頼や評価を高める

表2-7　青果物の選別基準と出荷容器

	選別基準	指定外出荷容器の受入
A社	市場の基準	不可
B社	地域慣行基準	品薄時は可
C社	地域慣行基準	可
D社	地域慣行基準	不可
E社	地域慣行基準	不可
F社	県の基準	可
G社	地域慣行基準	可

資料：ヒアリング（2010年）による。

点にあるとしており、農協と同じく産地集荷市場においても産地ブランドの確立が企図されている。一方、C・F・Gの3社については出荷容器に関する制限がなく、実際に多様なものが使用されている。

第6節　市場の取引方法と分荷概要

(1) 取引の概要

　本節においては、調査対象市場における青果物の販売実態について確認するとともに、それを踏まえた産地集荷市場の性格変化について検討を行う。各社の取引概要について**表2-8**を基に確認すると、概略は以下のとおりとなる。

①A社
　A社の取引は商流上では約99％がセリとなっているが、このうち約半分は16時30分の取引開始時間前に荷の引き渡しを行う「先渡し」によって処理されており、実際のセリ取引は約50％である。また、同社の相対取引は1％程度であり、残品処理としての性格が強い。
　A社によれば、先渡しが高い割合で行われる理由は転送先市場までの輸送時間との関係が大きいとしている。具体的には、集出荷業者が関西以西の市場に出荷する場合、セリ取引の終了を待っていたのでは翌朝までに転送先市場に搬入するのが難しい点があげられている。また、先渡品の取引価格は、当日のセリ取引における同一規格品の価格に準じたものとなっている。なお、産地集荷市場において先渡しを行わざるを得ない理由と取引価格の設定方法については、後述のB・C・D・F社からも同様の指摘がなされている。

②B社
　B社では2004年頃から先渡しが行われており、経年的に拡大したこともあって、調査時現在では野菜の約60％がセリ開始時間である15時以前に集出

第2章　茨城県西地域における産地集荷市場の性格変化

表2-8　市場の取引概要

単位：％

	取引方法		取引時間		手数料率		備考
A社	相対 先渡し セリ	約 1 約 49 約 50	相対 先渡し セリ	不定時 13:00～16:00 16:30～	野菜	9	商流上はセリ99％。
B社	先渡し セリ	約 50 約 50	先渡し セリ	10:00～14:00 15:00～	野菜 果実	9 9	野菜のセリは約40％。 契約品も帳合上はセリ。 先渡しは2004年頃から。
C社	先渡し セリ	約 50 約 50	先渡し セリ	～16:30 17:00～	野菜 果実	9 7	商流上はセリ100％。 長野県産は商物分離。 先渡しは2000年頃から。
D社	先渡し セリ	約 5 約 95	先渡し セリ セリ	～15:30 16:00～ 7:00～	野菜 果実	9 8	商流上はセリ100％。 朝市は約2％。
E社	セリ	100	セリ	16:00～	野菜 果実	9 9	
F社	相対 先渡し セリ	約 1 約 33 約 66	相対 先渡し セリ	不定時 ～15:30 16:00～	野菜 果実	9 7	商流上はセリ99％。
G社	相対 セリ	約 80 約 20	相対 セリ	12:00～18:00 7:00～	野菜 果実	9 8	

資料：ヒアリング（2010年）による。

荷業者へと引き渡されている。しかし、出荷者による品質格差が大きく単価も高いメロンについては個別に評価を行う必要があることからセリによって取引されるため、青果物全体では先渡しとセリが相半ばしている。また、B社は後述するように生産者や実需者との間で契約取引を行っているが、これについても商流上はセリとして処理されている。

なお、前述のようにB社はメロンの取扱額が大きく、このため同市場にはメロンの販売を得意とする集出荷業者が常時調達に訪れていることから、同社のメロンは比較的高く評価される傾向にある。このような理由から、B社にメロンを出荷する生産者が一時的に他の産地集荷市場等に出荷先を変更したとしても、再び同市場に戻ってくる場合が多いとしている。

③C社

C社については約50％が17時のセリ開始時間前に先渡しされている。また、長野県内の生産者に出荷を依頼したものについても商流上はセリとして処理されているが、実質的には相対取引である。

C社によれば、先渡しは2000年頃に開始して以降経年的に拡大してきただけでなく、現在では年間を通じて恒常的に行われている。その結果、転送先の消費地市場や実需者にとってはC社が集出荷業者に先渡しを行うことで可能となる到着時間が取引の前提となっていることから、現在では先渡しを行わなければ集出荷業者の経営が難しくなる可能性が高い点が指摘されている。

④D社

　D社においては商流上は全量がセリ取引となっているが、実際には約5％が16時のセリ開始時間前に先渡しされている。なお、同社は1961年の設立時から1994年までの間は朝8時にセリを行う朝市市場であったが、1994年に取引時間を16時に変更したという経緯がある。なお、D社は調査時現在でも朝7時から朝市を行っているが、これについては地元の一般小売業者等を対象とするものであり、割合的にも全体の2％程度に過ぎない。

　ここで、同社が取引時間を変更した理由について確認すると以下のとおりとなる。D社は、朝市市場当時から集出荷業者が消費地市場に転送するものについては、転送先の取引時間に間に合わせるため夜間に荷渡しを行っていた。そして、この場合の価格は翌朝の市場相場に基づいて定められていた。しかし、荷渡し後に価格を決めるという取引方法では価格に関して販売先の集出荷業者とトラブルとなることも少なくなかったことから、それを回避するため集出荷業者への販売時間を前日16時へと前倒しにしたことが取引時間を変更した理由である。

　産地集荷市場で形成される価格に関しては、D社によれば農協の価格は大消費地市場の相場に基づいていることから低値安定となってしまうが、市場では需給実勢を反映しながら形成されるので変動幅は大きくなるものの、年平均でみれば相場は相対的に高く維持されているとのことである。

⑤E社

　E社では、現状において全量が16時に開始されるセリによって取引されて

第2章　茨城県西地域における産地集荷市場の性格変化

いることから、セリ取引の原則が維持されている。また、先渡しについても原則的に行われていない。

⑥F社
　F社における相対取引は、商流上では出荷者と集出荷業者との間で事前に約束のあるものや規格外品などで行われているに過ぎず、ほぼ全量がセリとなっている。しかし、実際には相当以前から先渡しが行われており、調査時では入荷量の3分の1程度が16時のセリ取引を待たずに集出荷業者へと引き渡されている。

⑦G社
　G社は買付品の全量と委託品についても過半を相対によって販売していることから、朝7時に開始されるセリの取引率は全体の約20％に抑えられている。なお、後述するようにG社の転送は同社が集出荷業者に直接販売するのではなく、一度仲卸業者に販売したものがさらに集出荷業者へと転売されることによって行われている。そして仲卸業者への販売は、取引開始時間前の相対取引によって行われている。

　最後になるが、ここで産地集荷市場における手数料率について確認しておきたい。調査対象市場の手数料率は前掲の**表2-8**にあるように、野菜についてはいずれの市場も9％、果実はC・Fの2社が7％、D・Gの2社が8％、B・Eの2社については9％となっているように、比較的平準化されている。
　以上、本項では調査対象市場の取引方法についてみてきたが、その結果、産地集荷市場における商流上のセリ取引率は、消費地市場を含む卸売市場の全国的な傾向[16]と比較して高く維持されていた。しかし、その一方で転送先市場の取引時間に間に合わせることを目的とする先渡しの割合も拡大しているように、産地集荷市場においてもセリの形骸化は進行しつつある。そして、以前は朝市市場であったD社が先渡しによって発生した価格面でのトラ

ブルを回避するため取引時間を変更し、夕市市場となった経緯を踏まえるならば、産地集荷市場における先渡しの拡大は将来的な取引問題の発生・拡大の懸念材料となりかねないものであろう。

（2）分荷の概要

　調査対象市場の分荷概要と販売先である集出荷業者の再分荷先について、表2-9に基づいて確認すると概略は以下のとおりとなる。

①A社

　A社は10社の集出荷業者に販売しており、これら業者は輸送を運送業者に委託することによって、最終的に消費地市場等へと再分荷している。集出荷業者の最終分荷地域[17]は北海道と関東地方の割合が高くなっているが、ほぼ全国に及んでいる。分荷地域を経年的にみると、地元の農協が都内の拠点市場等を中心に出荷していることもあって、それとの競合を回避しながら関東以遠へと遠隔化する傾向が認められる。

　A社で調達を行う集出荷業者はいずれも市場周辺に拠点を置く業者であり、これらのなかには複数の市場で調達を行うものも含まれている。A社の販売先である集出荷業者数は経年的に減少しつつあり、業者数が減少しても他の業者が取扱量を拡大することで幾分はカバーできるものの、この傾向は将来的に市場が存続していくうえでの課題となる可能性がある。

　A社によれば、県西地域の産地集荷市場が出荷者から広く利用されている理由として、市場と農協との分荷方法に関する相違が指摘されている。具体的には、同地域の農協は主として京浜地方の消費地市場に出荷しているが、県西地域で生産される葉菜類は出荷ロットが大きいことから一部の消費地市場に集荷が集中すると当該市場の相場が低く抑えられる結果となってしまう。しかし、出荷者が農協ではなく産地集荷市場に出荷した場合には、集出荷業者を介して全国の消費地市場等に多数分散出荷されることから値崩れの可能性が低く、総体的に高い価格帯での販売が可能となる点が、出荷者から産地

第 2 章　茨城県西地域における産地集荷市場の性格変化

表 2-9　市場の販売先と類型区分

単位：実数、％

類型区分	調査対象	販売先の業態	業者数	割合	集出荷業者の再分荷先市場の所在地	備考
従来型	A 社	集出荷業者	10	100	北海道 20、東北 10、関東 20、中部 15、関西 15、中四国 10、九州 10	
契約的取引試行型	B 社	集出荷業者	8	100	北海道と西日本が中心	契約栽培品も集出荷業者に販売。
	C 社	集出荷業者	10	100	全国	依頼集荷品も集出荷業者に販売。
関連会社設立型	D 社	朝市：一般小売店等	18	2	−	関連集出荷業者 d 社への販売あり。
		夕市：産地出荷業者	8	98	北海道から関西・四国	
	E 社	集出荷業者	12	100	…	関連集出荷業者 e 社への販売あり。
	F 社	集出荷業者	12	約 90	関東・甲信越・福島 40、中京 30、その他 30	関連集出荷業者 f 社への販売あり。
		加工業者	…	2〜3		スポット的な取引が多い。
		消費地市場仲卸業者	…	7〜8		
消費地市場	G 社	仲卸業者	5	約 50	−	集出荷業者（3 社）に約 25％を再販売。
		納入業者		約 30	−	
		地元スーパー・専門小売店	69	約 20	−	

資料：ヒアリング（2010 年）による。
注：−は非該当、…は不明である。

集荷市場が利用される一因として指摘されている。

②B 社

　B 社の販売先となる集出荷業者は県西地域外を含む茨城県内の 8 社であり、これら業者は全国の消費地市場を対象として、当該市場において青果物の価格が高騰する端境期を中心とした再分荷が行われている。同時に、B 社は集出荷業者を介した契約的取引を行うことによって、加工業者に原料となる青果物を納品している。なお、同社で調達を行う集出荷業者は経年的に減少する傾向にある。

　B 社が販売した青果物のうち他市場への転送に限った最終的な分荷先地域については、約 20 年前ならば北海道と関東地方の割合が高かったが、関東市場における相場が長期間にわたって低迷していることを理由として経年的に

広域化し、現在では西日本が中心となっている。また、北海道については冬場を中心に分荷されているが、この20年間は大きく割合を変化させることなく推移している。

③C社

　C社は契約品も含めて市場周辺に拠点のある10社の集出荷業者に販売しており、最終的にはこれら業者を通じて全国の消費地市場等に転送されている。また、同社が出荷を依頼した長野県内からの集荷品はC社が直接的に他市場等へ納品しているが、商流上は集出荷業者を経由させている。なお、同社で調達を行う集出荷業者は経年的に減少するとともに、現在調達にきている業者にも後継者のいないものが多い。

④D社

　D社の夕市では8社の集出荷業者が青果物を購入しているが、同業者は廃業等によって経年的に全体の購入数量が縮小していることもあって、現在ではD社の関連会社であるd社への販売割合が40〜50％を占めるに至っている。そして、これら集出荷業者には複数の市場で調達を行うものが含まれている。また、D社が朝市市場だったころから取引関係のある業者だけでなく、夕市市場への移行後に新規参入してきたものも含まれている。このことから、産地集荷市場と集出荷業者との関係は比較的流動的であることがうかがえる。D社が販売した青果物は北海道及び関西地方等に対して再分荷されており、経年的には関西地方への転送が増えつつある。

⑤E社

　E社は12社の集出荷業者に販売しており、これら業者の所在地は県西地域を含む茨城県内となっている。E社で調達を行う集出荷業者数は減少傾向にあるとともに、高齢化によって1業者当たりの購入量も縮小している。なお、12社の集出荷業者のなかにはE社の別会社であるe社が含まれており、調査

時ではｅ社への販売割合が40～50％を占めている。Ｅ社が販売した青果物の再分荷先は、全国の消費地市場等となっている。

⑥Ｆ社

　Ｆ社の販売先は12社の集出荷業者を含む21社となっているが、このうち同社の関連会社として設立された集出荷業者ｆ社への販売割合が約70％を占めているように、特定業者への販売に特化する傾向が顕著である。Ｆ社が集出荷業者に販売した青果物は、関東・甲信越地方への分荷割合が高いものの、全国の消費地市場等に再分荷されている。しかし、ｆ社に限るならば、地元農協が重点出荷する都内市場との競合を避けるという意味もあって関東以遠の割合が高く、搬出先は経年的に遠隔化しつつある。

　Ｆ社によれば、集出荷業者の転送先市場の多くは集荷力が弱く、県西地域の農協から直接集荷できない市場[18]であるとしている。そして、これら市場への出荷は当該市場における品薄時への対応という性格が強く、このため継続的な出荷が強く要求されないこともあって、集出荷業者は多数の市場を対象とする選択的な出荷が可能となっている。

　ここで、集出荷業者が消費地市場ではなく産地集荷市場で青果物を調達する理由を確認するならば、おおよそ以下のとおりとなる。Ｆ社によれば、集出荷業者が消費地市場で青果物の調達を試みたとしても、消費地市場においては荷の入荷以前の段階で卸売業者が量販店や実需者等と販売の約束をしている場合が多く、このため集出荷業者が卸売業者に購入を申し出ても実現できない可能性が高い。しかし、Ｆ社のような産地集荷市場ならば、セリにおいて他の集出荷業者よりも高値を付けさえすれば購入が可能となる点が、産地集荷市場が利用される理由であるとしている。

⑦Ｇ社

　消費地市場であるＧ社は約50％を５社の場内仲卸業者に販売しており、それ以外は納入業者[19]や小売業者等となっている。このように、Ｇ社は商流

上においては集出荷業者に販売することはないが、実際には仲卸業者販売分の約半分が集出荷業者3社に対して直接的に納品されている。この場合、仲卸業者には形式的に商流が経由することになるが、取引方法は相対として処理されている。このような取引形態となる理由としては、現在、G社と取引関係のある集出荷業者はすべて仲卸業者の紹介によるものであることから、仲卸業者に対する儀礼的な意味合いとして商流を経由させていることによる。

集出荷業者への荷渡しにあたっては、朝市市場であるG社のセリ終了を待っていたのでは転送先の取引時間に間に合わないこともあって、セリが行われる前日の夕方までに行われている。また、取引価格については都内拠点市場等の相場に準じて定められている。

なお、G社には転送品も含めて多品目の青果物が集荷されているが、同社で調達を行う集出荷業者は特定の品目に限定して購入する傾向が強い。具体的には、集出荷業者は個人出荷で集荷されたキャベツやはくさいなど入荷ロットのまとまった品目を中心に購入しており、集出荷業者への販売額のうち約80％はこれら2品目によって占められている。

そして、購入された青果物は集出荷業者と取引関係のある全国の消費地市場等のなかから、比較的相場の高い市場に対する選択的な再分荷が行われている。しかし、近年は地方市場においても価格が平準化されて都内拠点市場との価格差が少なくなりつつあり、産地集荷市場と消費地市場との間に存在する価格差が利潤の源泉となる集出荷業者にとっては経営が圧迫される要因になるとともに、業者数が減少する一因ともなっている。

ところで、G社は1956年の設立時は集出荷業者に対して直接的に販売しており、その割合も約50％と高かったことはすでにみたとおりである。そして、G社における転送の最盛期であった1990年頃には6～7社もの集出荷業者が同社で調達を行っていたが、現在ではこれら業者はほぼ全てが廃業しているなど、集出荷業者の消長には著しいものがあることがうかがえる。

以上、調査対象市場の分荷についてみてきたが、ここで、調査対象におけ

る分荷の特徴について確認すると以下のとおりとなる。

　第1に、産地集荷市場の販売先は消費地市場であるG社を除けば主として集出荷業者が対象となっており、市場で取り扱われた青果物はこれら業者の分荷機能によって全国の消費地市場等へと再分荷されている。ここで、転送先の消費地市場が集出荷業者の出荷対象となり得るための条件について確認するならば、例外はあるもののおおよそ以下を満たすことが必要となる。①当該消費地市場において、産地集荷市場と集荷圏を同じくする農協から直接集荷するだけの集荷力に乏しいこと。②当該消費地市場において、産地集荷市場の相場に集出荷業者の利潤と消費地市場までの輸送費を加えた以上の相場が形成されていること。③当該消費地市場が他市場からの転送によって産地集荷市場と集荷圏を同じくする農協の出荷品を集荷するよりも、産地集荷市場で調達する集出荷業者から購入した方が安価な集荷が可能となることの3点である。そして、青果物価格が長期間にわたって低迷する[20]と共に、市場間の相場が平準化される傾向にある現状においては、このような条件を満たすことは難しくなりつつあることが想定され、産地集荷市場や集出荷業者の経営環境は厳しさを増している可能性が高い。

　第2に、集出荷業者は全国の消費地市場等の相場を比較しながら相対的に高い相場が形成されている市場に対し、選択的かつ多数分散的に出荷する傾向にある。そして、このことが産地集荷市場において総体的に高い相場の形成・維持が可能となる一因ともなっている。なお、出荷者が出荷先を選択する場合、価格以外にも市場から要求されるロットや選別水準、市場による巡回集荷の有無、さらには市場担当者との人間関係など多くの要因が関係しているが、なかでも価格の与える影響は大きいと考えられる。このことから、産地集荷市場において高い相場が継続的に形成されてきたことは、集荷をめぐる農協等との競争関係が存在する県西地域において、多数の産地集荷市場が現在まで存続し得た一因になったということができよう。

　第3に、集出荷業者の再分荷先については県西地域等の農協が都内等の拠点市場に重点出荷する傾向にあることも手伝って、それとの競合を避けるた

め搬出先が遠隔化する傾向が認められる。そして、取引方法については先渡しが拡大しつつあるが、その目的が転送先市場の取引時間に間に合わせることにある点を踏まえるならば、搬出先の遠隔化は先渡し拡大の一因になった可能性が高い。

　しかし、経営環境の厳しさもあって集出荷業者の多くが後継者を確保しておらず、同時に経営者の高齢化等によって廃業する業者も少なくないことから、経年的に業者数は減少しつつあるという状況下にある。このため、産地集荷市場は従来からの集出荷業者だけを販売対象としていたのでは経営を継続していくうえで課題が大きく、この点が後にみるように卸売業者の関連会社として集出荷業者が設立された背景となっている。

（3）産地集荷市場及び集出荷業者の機能

　本節においては、調査対象における取引方法と分荷概要についてみてきたが、本項では検討結果を踏まえて、産地集荷市場が青果物流通のうえで果たしている機能について確認したい。

　産地集荷市場における最も基本的な機能としては、生産者が委託出荷した青果物を市場に集荷するという「集荷機能」があげられる。ただし、産地集荷市場は消費地市場のように多くの品目を取り揃える必要はないことから、「品揃え機能」は不可欠な機能とはいえない。次に、産地集荷市場においては集出荷業者を買い手とするセリ等を行うことで集荷された青果物を評価し、価格を形成するという「価格形成機能」を不可欠な機能としてあげることができる。さらには、出荷者や売買参加者である集出荷業者との間において販売代金の精算を行う「代金決済機能」があり、集出荷業者から代金を徴収する前に出荷者に対して代金を支払っているのであれば、そこに「信用機能」が付加されることになる。以上が産地集荷市場の基本的機能というべきものであるが、これら以外にも、「情報受発信機能」や巡回集荷を行っているのであれば「物流機能」を付加的機能としてあげることができる。

　ここまで産地集荷市場の機能について整理したが、産地集荷市場が存立す

るうえにおいては集出荷業者の存在が不可分であることから、ここで集出荷業者の機能について整理するならば以下のとおりとなる。

集出荷業者は、セリへの参加を通じて青果物を評価することで「価格形成機能」の一翼を担うだけでなく、全国の消費地市場等に対して青果物を販売するという「分荷機能」が不可欠な機能となっていることから、これらを集出荷業者の基本的な機能としてあげることができる。そして、上記の機能に加えて、再分荷先となる消費地市場までの輸送を自社で行っている場合には「輸送機能」が加えられ、また、第3章で検討する事例のように加工やパッキング業務を担っている場合には、そこに「調製機能」や「加工機能」等を付加的機能として含めることができる。

(4) 調査対象の類型区分

ここで、これまでの検討結果を基に調査対象を4つの類型に区分するならば、産地集荷市場の基本的機能のみを担う従来型の産地集荷市場というべきものがA社、次に基本的機能に加えて出荷者や販売先とともに契約的取引を試行しつつあるのがB・Cの2社、同じく基本的機能に加えて卸売業者が関連会社として集出荷業者を設立するとともに、これら集出荷業者に相当割合を販売しているのがD・E・Fの3社、そして基本的には消費地市場であるものの産地集荷市場的な性格を併せ持っているものがG社ということができる。

次節以降においては、契約的取引を行う市場と関連集出荷業者を設立した市場を対象として、このような取り組みの実態について検討を行いたい。

第7節　卸売業者による契約的取引

本節においては、卸売業者が出荷者や集出荷業者と共に契約取引に取り組んでいるB社、及び出荷者や集出荷業者と事前取り決めのある取引を行うC社について検討する。なお、両社の契約的取引の概要についてとりまとめた

表2-10 卸売業者が行う契約的取引の概要

単位:百万円、%、実数

	取扱額(2008年)	割合	出荷者数	取決項目	直接販売先	対象品目	最終仕向先	備考
B社	約330	約10	7	品目・品種、出荷期間、圃場、規格、価格等	産地出荷業者	レタス	カット加工業者	
						はくさい	漬物製造業者	
C社	約17	約1	10	品目・品種、規格、価格等	産地出荷業者	レタス、はくさい、キャベツ等	消費地市場	荷は長野県内の産地から消費地市場に直送。

資料:ヒアリング(2010年)による。

ものが表2-10である。

①B社

　B社は漬物製造業者1社とカット野菜業者1社からの要請を受けて、出荷者に取引への参加を働きかけることによって、2007年に契約取引を開始している。なお、このような取り組みが開始された一因には、出荷者の側にも収入の見通しを立てやすい安定的な取引に対する要望が存在していた点をあげることができる。

　調査時現在におけるB社の契約生産者は7人であり、同社取扱額の約10%が契約品によって占められている。契約取引の取扱品目は、漬物製造業者についてははくさい、カット野菜業者に対してはレタスが対象となっている。契約を行うにあたっては、いずれの品目についても作付前の段階において、B社と出荷者及び実需者との間で品目・品種、栽培圃場、出荷時期、規格、価格、数量等の項目について取り決められている。このうち、価格については納入期間を通じてセリ相場とは無関係に一定となっているが、相対的に安価な水準で設定されている。契約品はB社が実需者に対して直接的に納品しているが、商流上は従来からの取引慣行を遵守して集出荷業者を経由させている。

　B社が行う契約取引の課題としては、出荷者のモラルに起因するリスクがあげられている。具体的には、契約品の納品時に他の産地集荷市場や農協の相場が高騰している場合には、往々にして約束された数量が出荷されてこな

第2章　茨城県西地域における産地集荷市場の性格変化

い傾向にある点が指摘されている。そして、これが共販率の高い地域の農協ならば違反者に対してペナルティを科すという対抗策もあり得るが、集荷をめぐって他市場や農協等との厳しい競争下に置かれている産地集荷市場の場合には、将来にわたって集荷量を維持していくためにも卸売業者が出荷者に対して強い姿勢を示すことは難しいとしている。特に、調査を行った2010年は夏期の高温により市場相場が高騰していたこともあって、B社は今後も契約取引を継続していくことに対し危惧を感じているとのことであった。

②C社
　C社が行う契約的な取引は2007年頃から開始されている。同取引は契約栽培ではないものの、C社が収穫前の段階で長野県内の出荷者や集出荷業者と事前協議を行うことによって、数量や販売先等を調整しながら取引が行われている。この場合、物流については産地から転送先となる消費地市場に対し、直接的に荷が搬出されている。また、取引価格については出荷当日におけるC社のセリ価格に準じて設定されている。しかし、C社が行う契約的な取引は開始からすでに4年近い実施期間があるものの、調査時においても同社取扱額の約1％に過ぎないことから、未だ試行的な段階にあるとみなすべきものであろう。

　以上、調査対象となった産地集荷市場が行う契約的取引について確認したが、B社が指摘しているように、その安定的な実施には出荷者の契約遵守に対する意識やモラルの低さが課題となっていた。そして、契約的取引の実施に伴う産地集荷市場の機能変化についてみるならば、卸売業者がこのような取引に取り組むことによって、市場は従来からの機能に加えて、出荷者や実需者との間で取引をコーディネートすることによる調整機能を充実させつつあるとみなすことができる。そして、以上から産地集荷市場は地域農業の調整役としての役割を、これまで以上に強めつつあることを指摘することができる。

第8節　卸売業者による集出荷業者の設立

　本節においては、産地集荷市場の卸売業者が関連会社として集出荷業者を設立しているD・E・F社の取り組みについて検討する。卸売業者が設立した集出荷業者の概要は**表2-11**のとおりである。

①D社
　D社は1995年頃から入荷量が多い時期や価格低迷時に市場の入荷品を事前に購入し、セリへの上場数量を抑制することによって相場の低迷を回避してきた。しかし、D社の購入数量が増大したことを理由として1998年にd社を設立し、d社がセリで買い付けることを通じて市場の相場を維持するようになっている。d社の経営者は、その設立時から親会社であるD社の役員が就任しているが、このことから明らかなように両社の間には密接な関係が認められる。
　その後、d社は購入した青果物の販路を確保するため地方の消費地市場等を中心として販売先を開拓してきたという経緯があり、このような取り組みの結果、同社の取扱額は経年的に拡大しながら推移している。そして、調査時におけるd社の取扱額は約4億円、D社取扱額の40～50％までをd社が購入するに至っている。なお、d社は地方市場等に対する転送を行うだけでなく、購入品の一部に対して自社でカット加工を行うなど、新たな機能を付加しながら業務拡大への取り組みを展開しているところである。

②E社
　E社はセリに介入することを通じて相場の維持を図るため、2000年に同社の役員を代表者とするe社を設立している。設立当時におけるe社の取扱額は決して多くはなかったが、経年的に増加したことから調査時には約17億円、E社取扱額の40～50％がe社によって購入されるまでに至っている。このよ

第2章　茨城県西地域における産地集荷市場の性格変化

表2-11　卸売業者の関連集出荷業者の概要

単位：百万円、％

	設立年	設立目的	販売額(2008年)	購入割合	販売先	備　　考
d社	1998	価格維持	370～460	40～50	卸売市場等	1995年から卸売業者がセリに介入。キャベツは主に関西市場に転送。一部は自社でカット加工。
e社	2000	価格維持	1,500～1,870	40～50	卸売市場等	
f社	1990	価格維持	約4,590	約70	卸売市場等	1965年から卸売業者がセリに介入。東北から関西の卸売市場87社に転送。うち、常時は約50社。一部はカット野菜業者に納品。

資料：ヒアリング（2010年）による。

うにe社の取扱額が増大した一因には、E社で調達を行う他の集出荷業者の購買力が低下することによって、e社がより大量に買い付けなければ市場相場の維持が難しくなった点があげられている。

③F社

　F社は1965年に設立されているが、同社によるセリへの介入は市場設立当時からというように、比較的早い段階から行われていた。当時、F社が取引に介入した目的は市場相場の値崩れを回避することにあった。具体的には、市場の入荷過剰時にF社が入荷品の一部を購入することでセリへの上場数量を抑制し、相場の下支えが図られていた。そしてこの場合、F社は購入した青果物を他市場に対する第三者販売を行うことによって処理していた。しかし、このような取引は卸売市場法に抵触することから、1990年には県の指導を踏まえてf社を別会社として分離し、現在に至っている。

　f社の設立当時の取扱額は決して多くはなかったが、その後、他の集出荷業者の購入量が減少するなかで同社の取り扱いは拡大し、調査時では約40億円、F社販売額の約70％をf社が購入するにまで至っている。その間、f社は地方の卸売市場を中心として販路を拡大してきた結果、現在では87社の消費地市場等に対して分荷を行っている。そして、f社を介したこのような取り組みによって、F社においては長年にわたって総体的に高い水準の相場が

形成・維持されてきたことから、同社への出荷者が増加したことに加えて、取扱額についてもこの10年間は年間約1億円のペースで増大するという結果につながっている。

なお、f社は一部を量販店やカット加工業者等に販売しているが、産地集荷市場は集荷量を確保するため相場の維持が求められることから、低値安定での納品が要求される量販店等に販売することは条件的に厳しく、このためf社の販売先は現在においても卸売市場が中心となっている。

以上、卸売業者が関連会社として集出荷業者を設立している3社についてみてきたが、これら以外にもB社は集出荷業者の設立を検討しているところであり、消費者市場であるG社も入荷量が多いときには同社が一部を購入することによって上場数量を調節し、価格の下支えを行うなどの対応がとられている。

ここで、卸売業者が集出荷業者を設立した目的について再確認すると、いずれについても市場の入荷過剰時や需要低迷時に関連集出荷業者がセリを通じて入荷品を購入し、価格を下支えすることによって望ましい水準に相場を維持する点があげられる。そして、このような需要低迷の背景には、集出荷業者の数や購入量が減少しつつあるという事実がある。このため、産地集荷市場における需要そのものが経年的に縮小し、相場の低迷となって発現する結果となっている点が指摘できる。その一方で、農協や他市場との集荷競争下にある県西地域の産地集荷市場にとっては、相場を維持することが安定的な集荷を確保していくために必要不可欠な条件であることが、卸売業者によって出荷業者が設立された一因ということができる。

以上みてきたように、卸売業者による集出荷業者の設立とその取扱額の拡大によって、茨城県西地域における産地集荷市場はその活力を現在まで維持してきたと評価することができる。しかし、関連会社である集出荷業者を通じた卸売業者によるセリへの介入は、当初は相場の下支えを目的としていたとしても、現状のように上場数量の過半を関連会社が購入しているというの

であれば、卸売業者は市場の価格形成において主導的な役割を果たしている可能性が高い。

これらのことから、従来ならば産地集荷市場の卸売業者が担うべき業務は集荷や取引の場の提供及び代金精算等に限定されていたものが、関連集出荷業者を設立することによって新たに実質的な評価や分荷までも担うという方向で変容しつつあるということができる。これを卸売業者の機能面から整理するならば、従来は集荷機能や販売者としての価格形成機能、及び代金決済機能等に限定されていたものが、関連集出荷業者の設立及びその取扱額の拡大に伴って、新たに購入者としての価格形成機能や分荷機能までも獲得するに至ったことになる。

また、業者としての性格変化について確認するならば、卸売業者は従来の性格に加えて評価や分荷までも含めた産地段階の集分荷に係る一連の業務を担う、より大規模な集出荷業者としてその性格を変容させつつあるとみなすことができる。しかし、このような性格変化によって、卸売業者は一定水準以上の価格で青果物を調達しなければならないだけでなく、その一方において、購入価格以上での販売が可能となる販路の開拓・確保が必要になるという相矛盾した課題を抱えたことを意味している。宮崎県では、セリ値を維持するために買い支えを行った卸売市場が廃業に追い込まれた事例が存在[21]していることから明らかなように、本節で検討した卸売業者による関連集出荷業者を通じた価格操作は、将来的に産地集荷市場の経営上の問題として顕在化していくことも想定されるところである。

第9節　小括

本章においては、茨城県西地域を事例として青果物産地集荷市場における集出荷の現状を把握するとともに、それを踏まえて市場の機能や性格の変化について検討を行った。その結果についてまとめると以下のとおりとなる。

県西地域の産地集荷市場の多くは1960年代を中心として集出荷業者等に

よって設立されており、これら市場は地元農協と競合しながらも市場所在地周辺の出荷者から青果物を集荷するとともに、集出荷業者への販売を通じて消費地市場等への供給を行ってきた。

　しかし、全国にわたる多数の消費地市場を供給対象とする産地集荷市場には取扱品に汎用性があることが求められることから、差別化商品の開発には販売先が固定的となる契約的取引を除いて課題がある。また、契約的取引の実施にあたっては産地集荷市場の立場的な弱さもあって、生産者の契約遵守に対するモラルに起因する課題が存在していた。

　そして、近年においては集出荷業者の高齢化や廃業等に起因する購買力の低下が市場相場の低迷となって現れ、このため一部の卸売業者は関連会社として集出荷業者を設立し、セリ取引に介入することを通じて市場相場を維持するとともに、新たな販路を確保しながら分荷まで担うようになりつつある。そして、このことは卸売業者が新たに価格形成機能や分荷機能を獲得したというだけでなく、その性格についても従来からの産地集荷市場における卸売業者としての性格に加えて、より大規模な集出荷業者としての性格を併せ持つという方向で変容しつつある。

　最後になるが、産地集荷市場が将来的にその経営を維持し、存続を図っていくためには、出荷者からの集荷を確保するため当該地域の農協における価格と遜色がない、もしくはそれ以上の相場形成が求められる。その一方において、産地集荷市場で青果物を調達する集出荷業者にとっては、販売先となる消費地市場の相場から諸経費を差し引いても利益が確保できる価格水準以下での仕入を実現することが、その存続を可能とする必要条件となる。

　このことを踏まえて産地集荷市場の性格変化について確認するならば、従来の卸売業者は集荷を維持するため高水準の相場形成に専心することが可能であったものが、集出荷業者としての性格を併せ持つことによって、一定水準以下に抑制された相場の形成という相反する条件についても配慮しなければならない必要性が生じたことを意味している。そしてこのような配慮は、産地集荷市場が生産者や実需者等と契約的な取引を行う場合についても求め

第2章　茨城県西地域における産地集荷市場の性格変化

られるものである。したがって、本章で確認された産地集荷市場の性格変化は現状において市場の活力維持につながっているものの、将来的には経営上の課題として顕在化する可能性を胚胎していることを示唆するものである。

このため、産地集荷市場が将来にわたって活力を維持していくためには、これまでの取り組みに加えて、より安定的な取引を希求する出荷者や集出荷業者との連携を強化しながら、量販店との直接取引や外食等業務需要への対応、さらには高付加価値商品の開発等、より多様な展開への可能性についても検討していく必要があると考えられる。

注
1）茨城県西地域とは茨城県の地域区分の一つであり、古河市、筑西市、常総市、坂東市、結城市、桜川市、下妻市、結城郡八千代町、猿島郡五霞町及び境町の7市3町が含まれている。
2）単一経営経営体とは、「主位部門が80％以上の経営体」をいう。
3）『茨城農林水産統計年報　平成22年～23年』による。
4）『茨城農林水産統計年報　平成18年～19年』による。
5）『茨城農林水産統計年報　平成22年～23年』による。
6）茨城県資料による。
7）茨城県庁等へのヒアリングによる。
8）I農協へのヒアリングは、2011年1月に実施した。
9）茨城県庁資料による。
10）産地集荷市場等へのヒアリングによれば、地方卸売市場としての認可は得ていないがA社設立以降に設置された産地集荷市場が存在しているとのことである。
11）F社へのヒアリングによれば、同社の取扱額の拡大は主として古河青果地方卸売市場の出荷者がF社に出荷先を変更することによってもたらされたとしている。このため、古河青果地方卸売市場の取扱額はかつて70億円程度であったものが、2008年には27億円と大きく減少している。
12）［1］のp.57では、茨城県西地域において1960年前後に多数の産地集荷市場の設立がみられた点が指摘されている。
13）前述のI農協は複数農協の合併によって1968年に設立されているが、同農協によれば詳細は不明ながらも旧農協時代から共販が行われていたとしている。
14）この場合の個人出荷者には出荷組合名義によるものも含まれているが、市場への輸送や代金の精算が個別に行われるなど実質的には個人出荷とみなすべ

15）前述のＩ農協の手数料率は15％、同連合会0.7％であるのに対し、**表2-8**に示すように産地集荷市場の手数料率は野菜９％、果実７〜９％となっている。
16）『平成24年度卸売市場データ集』によれば、2011年における野菜のセリ取引率は中央卸売市場が13.4％、地方卸売市場は30.9％であった。
17）ここでいう産地集荷市場の最終分荷先は、卸売業者が間接的に把握している集出荷業者の販売先地域や市場等であることから概数とならざるを得ない。しかし、卸売業者は日々の取引活動を通じて集出荷業者の販売対応等の概要を把握しており、間接的ではあったとしても、そこからおおよその傾向を読み取ることは十分に可能である。
18）同様の傾向は細野・坂爪［３］でも指摘されている。
19）納入業者とは市場等において食料品を購入し、外食業者等に納入する業者をいう。
20）『青果物卸売市場調査の結果（平成24年）』によれば、全国の卸売市場における野菜の価格は2003年に188円/kgであったものが、2012年においても198円/kgに過ぎず、この間年次によって多少の高低はあるものの、総じて安価な水準で推移している。
21）［２］のp.147による。

引用文献

［１］新井鎮久『産地市場・産地仲買人の展開と産地形成：関東平野の伝統的蔬菜園芸地帯と業者流通』成文堂、2012年、p.209。
［２］坂爪浩史『現代の青果物流通―大規模小売企業による流通再編の構造と論理―』筑波書房、1999年、p.214。
［３］細野賢治・坂爪浩史「系統農協の指定市場政策に関する一考察：宮崎県青果物をめぐる産地市場系統との集分荷競争の構図」農業経済論集47（１）、1996年、pp.87-98。

第 3 章

埼玉県深谷市等におけるねぎ市場の存在形態

第 1 節　本章の課題

　埼玉県は一大消費地である東京都の北に隣接するという立地環境にあり、鉄道輸送網の整備等もあって戦前の段階から園芸産地の形成がみられた地域[1]である。このため、当時から青果物の集出荷拠点として多数の産地集荷市場が設置され、東京都内等への出荷が行われてきた[2]という経緯が存在している。そして、これら市場は戦時中の統制経済期には活動を停止していた[3]が、後述の調査結果にもあるように戦後になると活動を再開するとともに、一部の市場は現在までのその活動を継続させている。特に、埼玉県はねぎが特産品となっているが、なかでも深谷市とその周辺で生産される「深谷ねぎ」については現在に至るまで主として産地集荷市場による集出荷[4]が行われており、同品目における流通上の特徴となっている。
　このため、本章においては埼玉県深谷市及び同市周辺に所在する主として深谷ねぎを取り扱う 5 つの産地集荷市場を対象として、実態調査の結果に基づいて以下の諸点を明らかにすることを課題とする。第 1 に、深谷ねぎを取り扱う産地集荷市場における集出荷の実態について把握する。第 2 に、深谷市及びその周辺において今日までねぎ市場の存続が可能となった要因について考察する。なお、本章の検討対象に対するヒアリングは2011年の 9 月から12月にかけて適宜実施した。
　ここで、「深谷ねぎ」について簡単に確認するならば、その厳密な定義は定められていないが、概して深谷市を中心とする埼玉県内の利根川南岸地域で生産された軟白ねぎが「深谷ねぎ」と称されている。また、深谷ねぎの生

図3-1　埼玉県深谷市の所在地

産地は、深谷市及び同市の周辺地域にあたる熊谷市の旧妻沼町と本庄市が該当している[5]。そして、現在では深谷市内の1農協と6つの産地集荷市場が深谷ねぎという名称による出荷を行っており、これら市場等の出荷品は消費地市場等において産地ブランドとして広く認識されている。なお、以下において深谷ねぎの生産地域である深谷市、熊谷市及び本庄市の3市を一括りに述べる場合には、叙述上の便宜をはかるため「深谷市等」と呼称する。ちなみに、これら3市の位置関係については図3-1のとおりである。

　ところで、深谷ねぎという呼称は戦前段階から存在しており、当時から深谷駅で列車に積載されて域外への移出が行われていた[6]とされている。また、生産地域は経年的に拡大する傾向にあり、かつては現在の深谷市内でもJR高崎線以北の利根川南岸地域で生産されていたものが、経年的に産地が南進し、現在では高崎線以南においても生産されるようになったという経緯がある。しかし、水はけが良く耕土の深い土壌がねぎの生産に適するという関係から、高崎線以北で生産されたものの方が品質面における評価が高く、生産地域が拡大した現在に至るまでこのような傾向は色濃く残っている[7]。

第3章　埼玉県深谷市等におけるねぎ市場の存在形態

第2節　埼玉県深谷市等の青果物生産と卸売市場

（1）埼玉県の農業と青果物の生産・流通

本節においては、埼玉県における農業や青果物生産、及び青果物流通について概観する。まず、**表3-1**を基に農業の概要について確認すると以下のとおりとなる。

埼玉県の経営耕地面積は2010年段階で5万6,872haであり、このうち田は3万5,843ha、畑は1万8,527ha、樹園地は2,501haとなっている。これを構成比でみるならば、田が63.0％、畑が32.6％、樹園地が4.4％というように、平坦地が多いこともあって全国と比較して田の割合が高くなる傾向にある。さらに、本章と関係する深谷ねぎの生産地域における畑地割合については熊谷市こそ24.7％と低いものの、深谷市は63.2％、本庄市では57.4％と高い割合となっている。このため、深谷ねぎの栽培地域となる3市全体では畑が45.7％を占めている。

続いて**表3-2**を基に農業経営体の数についてみた場合、埼玉県内の4万5,167の経営体のうち7,246が深谷市等に存在している。このうち、販売実績のあるものは6,363であり、これを所在地の内訳でみれば深谷市が2,894、熊谷市が2,572、本庄市では897となっている。また、深谷市等では全経営体のうち31.5％が野菜を生産する単一経営経営体によって占められており、この

表3-1　埼玉県深谷市等の経営耕地面積（2010年）

単位：千ha、ha、％

		面積				割合			
		合計	田	畑	樹園地	合計	田	畑	樹園地
全国		3,632	2,046	1,372	214	100.0	56.3	37.8	5.9
埼玉県		56,872	35,843	18,527	2,501	100.0	63.0	32.6	4.4
深谷市等		10,371	5,480	4,738	153	100.0	52.8	45.7	1.5
	深谷市	4,315	1,487	2,727	101	100.0	34.5	63.2	2.3
	熊谷市	4,476	3,329	1,104	43	100.0	74.4	24.7	1.0
	本庄市	1,580	664	907	9	100.0	42.0	57.4	0.6

資料：『埼玉県農林水産統計年報平成23年～24年』による。
注：ラウンドの関係から、地目ごとの合計値は合計に一致しないことがある。

表3-2 埼玉県深谷市等の農業経営体（2010年）

単位：実数、％

		農業経営体	販売あり	単一経営	野菜	露地野菜	施設野菜	果樹
経営体数	全国	1,679	1,507	1,180	128	81	47	136
	埼玉県	45,167	36,984	29,979	6,101	5,001	1,100	1,219
	深谷市等	7,246	6,363	4,827	2,285	1,929	356	48
	深谷市	3,214	2,894	2,043	1,349	1,189	160	8
	熊谷市	3,041	2,572	2,140	477	428	49	32
	本庄市	991	897	644	459	312	147	8
割合	全国	100.0	89.7	70.3	7.6	4.8	2.8	8.1
	埼玉県	100.0	81.9	66.4	13.5	11.1	2.4	2.7
	深谷市等	100.0	87.8	66.6	31.5	26.6	4.9	0.7
	深谷市	100.0	90.0	63.6	42.0	37.0	5.0	0.2
	熊谷市	100.0	84.6	70.4	15.7	14.1	1.6	1.1
	本庄市	100.0	90.5	65.0	46.3	31.5	14.8	0.8

資料：『埼玉県農林水産統計年報　平成23年～24年』による。

表3-3 埼玉県深谷市等のねぎ作付面積（1998年）

単位：ha、％

		実数	構成比	
全国		23,000	100.0	－
埼玉県		2,320	10.1	100.0
深谷市等		1,313	5.7	56.6
	深谷市	815	3.5	35.1
	熊谷市	308	1.3	13.3
	本庄市	190	0.8	8.2

資料：『平成20年度産野菜生産出荷年報』、『平成20年産埼玉県野菜生産出荷状況報告書』による。
注：－は非該当である。

うち露地野菜を生産するものが26.6％、施設野菜では4.9％となっている。そして、露地野菜の単一経営経営体割合を県全体の11.1％や全国の4.8％と比較した場合、深谷市等においては相対的に高くなっているように、同地域においては露地野菜が盛んに生産される傾向にあることが確認できる。

　ここで、少し古いデータではあるが1998年における埼玉県及び深谷市等におけるねぎの作付面積[8)]についてみると**表3-3**のとおりとなる。同表にあるように埼玉県のねぎ作付面積は2,320haであり、1県のみで全国の10.1％を占めている。そして、埼玉県のねぎ作付面積を100.0％とした場合、深谷ねぎの生産地地域である深谷市等だけで56.6％を占めている。このことから、深

第3章 埼玉県深谷市等におけるねぎ市場の存在形態

表3-4 農産物の出荷先別販売経営体数（2010年）

単位：千×実数、実数、％

			販売経営体	集出荷団体 農協	集出荷団体 農協以外	卸売市場	小売業者	加工・外食	消費者	その他
経営体数	全国		1,507	1,008	200	156	107	24	239	75
	埼玉県		36,984	17,640	3,867	6,309	7,237	486	11,684	2,088
		深谷市等	6,363	3,988	653	1,712	456	74	1,213	197
		深谷市	2,894	1,579	337	1,129	216	34	478	91
		熊谷市	2,572	1,857	168	395	191	27	566	74
		本庄市	897	552	148	188	49	13	169	32
割合	全国		100.0	66.9	13.3	10.4	7.1	1.6	15.9	4.9
	埼玉県		100.0	47.7	10.5	17.1	19.6	1.3	31.6	5.6
		深谷市等	100.0	62.7	10.3	26.9	7.2	1.2	19.1	3.1
		深谷市	100.0	54.6	11.6	39.0	7.5	1.2	16.5	3.1
		熊谷市	100.0	72.2	6.5	15.4	7.4	1.0	22.0	2.9
		本庄市	100.0	61.5	16.5	21.0	5.5	1.4	18.8	3.6

資料：『埼玉農林水産統計年報 平成23年～24年』による。
注：経営体の販売先は複数の場合があるため、各項目の合計値は総合計に一致しない。

谷市等は埼玉県内でもねぎの生産が盛んな地域であり、全国のねぎ産地のなかでも重要な位置を占めていること明らかである。ちなみに、56.6％の内訳は深谷市が35.1％、熊谷市が13.3％、本庄市が8.2％となっている。

続いて、深谷市等における農産物の出荷先について表3-4を基に確認すると以下のとおりとなる。なお、同表は各業態に対する販売の有無についてまとめたものであることから販売量や販売額の正確な割合を示すものではなく、なおかつ青果物以外の農産物も含んでいる。

埼玉県内の経営体から販売先として最も利用されているのは農協であり、全経営体の47.7％において農協に対する出荷実績がある。一方、産地集荷市場を含む卸売市場への出荷を行うものは17.1％に過ぎないが、全国的な傾向と比較するならば6.7ポイント高くなっている。また、深谷市等において卸売市場への出荷実績のある経営体は26.9％を占めているように、県全体よりさらに9.8ポイント高くなっている。なかでも、深谷市においては39.0％と高い割合である。

以上をまとめるならば深谷市等はねぎ生産の盛んな地域であり、出荷方法に関しては卸売市場に出荷実績のある経営体割合が高いという特徴を有する地域である。

（２）埼玉深谷市等における卸売市場の設置状況

　埼玉県内には2010年4月現在において青果物を取り扱う地方卸売市場が24市場[9]、同じく小規模市場が2市場設置されている。これら市場の総取扱量は48万3,573トン、総取扱額は927億3,400万円である。

　これらの市場はその多くが消費地市場[10]であると考えられるが、一部の市場では朝市だけでなく夕市も併用されており、このような市場の夕市に関しては産地集荷市場的な性格が強くなっている[11]と考えられる。そして、26市場のうち深谷ねぎを取り扱うのは深谷市等に所在する6市場であり、これらはいずれも産地集荷市場的な性格が強いものである。また、これら6市場の合計取扱額は4万4,723トン、取扱額では96億2,400万円となっている。

第3節　地域内農協の出荷対応

（１）F農協の概要

　本節においては、埼玉県深谷市等に所在する産地集荷市場について検討するに先立って、これら市場が行う集出荷との違いをより明らかにすることを目的として、同じく深谷市を管内[12]とする総合農協であるF農協の集出荷について確認したい。

　F農協の正組合員数は2011年段階で7,860人であり、2010年における野菜販売額は41億7,700万円となっている。同農協が取り扱う品目はねぎとブロッコリーが中心であり、これに加えてキャベツ、なす、きゅうり、ほうれんそうの割合が高い。また、その他の品目としてはにがうり、こまつな等がある。F農協によれば、2009年の管内におけるねぎ生産量は1万5,900トンとなっているが、このうち同農協取扱量は4,024トン、割合では25.3％に過ぎないことから明らかなように、ねぎの産地段階における集出荷は主として産地集荷市場が担っている。また、F農協が取り扱うねぎは主としてNセンターに集荷されており、同センターのねぎ取扱量は2,735トン/年、同農協が扱うねぎの

第３章　埼玉県深谷市等におけるねぎ市場の存在形態

68.0％を占めている。

（２）Ｎセンターとねぎ集荷の概要

　ここで、**表3-5**を基にＮセンターの概要について確認すると概略は以下のとおりとなる。なお、Ｎセンターの所在地は後掲の**図3-2**のとおりである。

　Ｆ農協におけるＮセンターを通じたねぎの集出荷体制は、同農協が1983年に合併によって設立された時点に確立されている。Ｎセンターの所在地は深谷市内でもねぎ栽培には条件が劣るとされる高崎線南側に位置しており、同センターへの出荷者も同じく高崎線以南、なかでも藤沢地区を中心とする約130人の生産者となっている。Ｆ農協はＮセンター以外にも４カ所の集荷所でねぎを取り扱っているが、これら４カ所を合わせても出荷量は1,289トン/年に過ぎないように、いずれも小規模な集荷所である。

　Ｎセンターにねぎを出荷する約130人の出荷者の平均年齢は68歳であり、このうち45歳未満の後継者がいるものは18人に過ぎない。しかし、出荷者のうち約80人は年間700万円以上の野菜出荷を行っており、その多くがねぎとブロッコリーの輪作による経営を行っている。Ｎセンターの出荷者には産地集荷市場を出荷先として併用するものが含まれていないだけでなく、同センターの管轄地域内においても産地集荷市場に出荷を行う生産者は殆ど存在しないとされている。このことから、同センター管内の生産者にとって出荷先は農協に限定されており、産地集荷市場とは地域による棲み分けがなされている[13]ことが確認できる。

表3-5　Ｆ農協のねぎ出荷概要（2010年）

単位：人、トン、実数、％

	出荷者数	ねぎ取扱量	出荷先				備　考
			業　態	業者数	割合	所在地	
Ｎセンター	約130	2,735	卸売市場	8	約70	東京都内　約40 関東　約29 その他　1	現体制は1983年の合併時に確立。主に高崎線以西から集荷。加工業者・量販店とは契約取引。
			加工業者	1	26～27	東京	
			量販店	1	3～4	東京	

資料：ヒアリング（2011年）による。

ところで、Nセンターに集荷されるねぎの生産地域が主として高崎線以南であることはすでにみたが、その理由は歴史的な経緯によるところが大きい。F農協によれば、同農協の前身となる合併前農協が共販を開始した時点においてすでに、高崎線以北のねぎの生産適地を中心として産地集荷市場を拠点とする集出荷体制が確立されていたとしている。このため、農協は従来ねぎが生産されていなかった高崎線以南の生産者を対象としてねぎの生産を誘導し、産地形成を図ってきたことが現在のような出荷者の所在地による集出荷方法の棲み分けが形成された要因ということができる。

(3) Nセンターにおけるねぎの市場出荷

F農協は農協の県段階の連合会が設定した分荷指示を踏まえるとともに、各市場における相場を勘案しながら出荷先と出荷量を調整している。また、Nセンターが扱うねぎについては約70%を占める卸売市場等への出荷を中心としながら、加工業者や量販店等を対象とする契約取引を組み合わせた販売が行われている。

このうち、市場出荷については東京都中央卸売市場である大田市場と築地市場の2市場を中心として、同じく淀橋市場や横浜市中央卸売市場本場、埼玉県内の地方卸売市場熊谷青果市場及び大宮総合食品地方卸売市場、さらには弘果弘前中央青果の合計7市場に出荷されている。また、これら市場の他にF農協が卸売市場に準じるものと位置付けている農協連合会の青果ステーションが出荷の対象[14]となっている。ねぎの出荷先市場を地域別にみた場合、大田市場と築地市場の2市場で市場仕向量全体の約50%を占めており、これを関東という括りでみるならば約99%が同地域によって占められている。このことから明らかなように、Nセンターのねぎ出荷に関しては関東の消費地市場にほぼ限定した出荷が行われている。また、市場仕向量の約半分が2市場で占められているということから、F農協は市場の相場を踏まえて出荷量を決めているとはしながらも、実際には特定の市場に対して固定的かつ継続的な出荷を行う傾向が顕著であることは明らかである。

第3章　埼玉県深谷市等におけるねぎ市場の存在形態

　出荷先の市場数を経年的にみた場合、2001年当時の11市場からこの10年間で３市場の減少となっている。出荷先市場が減少した理由としては、集荷量の減少があげられている。具体的には、集荷量が減少するなかで１市場当たりの出荷ロットを確保することを目的として、出荷先市場を絞り込んだことによる。

　F農協のねぎに関する手数料率は２％であり、Nセンターから出荷先市場までの輸送費は運送業者との間で県内市場が一律に50円/5kg、同じく県外市場が80円/5kgと取り決められている。なお、手数料率については、後述する契約取引の場合も同じである。

（４）Nセンターにおける契約取引

　Nセンターは市場等への出荷だけでなく、加工業者や量販店に対するねぎの直接納品も行っている。このうち、加工業者に対してはNセンターが取り扱うねぎの26～27％が仕向けられており、納品されたねぎは「ねぎ味噌」として加工されて、最終的に大手コンビニエンスストアで販売されるおにぎりの具材として使用されている。また、一部については加工業者によって「刻みねぎ」に加工され、大手製菓業者が製造するポテトチップス等の風味付け原料として活用されている。

　ここで、F農協がねぎを加工原料として販売することの理由について確認するならば、おおよそ以下のとおりとなる。F農協は下位等級のねぎを加工原料に仕向けているが、このような商品は市場出荷した場合には低い価格で取引されるものである。このため、下位等級品を加工業者に販売することによって相対的に高い価格帯で販売できるだけでなく、それを底値として市場出荷品も含めたねぎの平均単価を引き上げることが可能となっている。ちなみに、下位等級品を市場に出荷した場合の単価は400～500円/5kg、生産者手取りでは300～400円/5kgでしかないのに対し、加工業者にシーズン値決めによって販売した場合は中間経費が節約できることもあって700～800円/5kgでの販売が実現されている。

一方、Nセンターはねぎの3～4％をいわゆる「高級スーパー」に納品しており、この場合は生産者のなかでも技術水準の高い8人が対応している。そして、量販店に納品されるねぎは共販品ではなく、いわゆる量販店の差別化商品として位置付けられており、このため選別や調整についても市場出荷品とは別に量販店の指示を踏まえた処理が行われている。

　以上、Nセンターにおけるねぎの契約取引についてみてきた。同農協によれば、ねぎに限らず青果物は生育中の気象条件等の影響によって品質や生産量の変動が避けられないことから、契約取引についてもその上限を取扱総量の40％程度に抑制せざるを得ないとしている。このためF農協は引き続き契約取引を行うものの、将来的にも市場出荷を販売の主軸とする方針に変化はないとのことであった。

（5）F農協と産地集荷市場との関係

　深谷市等の地域で生産されたねぎの集出荷方法のうち、産地集荷市場については戦前という比較的早い段階から形成されているが、農協については後発であったことはすでに述べたとおりである。このため、F農協によれば「深谷ねぎ」というブランドは産地集荷市場が長年にわたって消費地市場に供給することを通じて形成されてきただけでなく、消費地市場においても出荷元の市場ごとに産地ブランドとして認識されているとしている。一方、後発である農協の認知度は現在に至るまで決して高くはないとのことである。このように、産地集荷市場は長年にわたってねぎの集出荷を担ってきたことから実績と経験を蓄積しているだけでなく、出荷者との間においても強いつながりと信頼関係が存在している。このため、産地集荷市場の出荷者は容易なことでは出荷先を変更することはなく[15]、F農協においても産地市場の出荷者を農協の側に取り込むことは今後の取組課題とは想定していない。

　なお、生産者が出荷先を変更することがまれである点については農協出荷者についても同様である。そして、農協の出荷者が産地集荷市場に出荷した場合は農協の生産部会から除名されるだけでなく、将来的にも農協出荷に戻

第3章 埼玉県深谷市等におけるねぎ市場の存在形態

ることは認められないという制約が存在している。これらのことからF農協の所在地域周辺においては、出荷者の出荷先変更が容易には認められない社会的な規制が存在しているということができる。さらにいうならば、農協出荷者が新規に産地集荷市場へ出荷したとしても実績のない出荷者の荷は集出荷業者の評価が低く、品質に関わらず価格的に安価となってしまう点も出荷先の変更が抑制される一因として指摘されている。

　最後に、農協及び産地集荷市場で形成される価格について確認するならば、F農協によれば農協の価格は出荷先である都内拠点市場等の相場に規定されて低値安定となるのに対し、産地集荷市場は常時変動しながらも総体的に高い水準の相場が形成される傾向にあるとしている。

　以上、本節では深谷市を管内とするF農協におけるねぎの集出荷についてみてきたが、ここで簡潔にまとめておきたい。同農協のNセンターは産地集荷市場と比較してねぎの取り扱いに関して後発であり、このため合併前の旧農協の段階からねぎの生産が行われてこなかった地域の生産者を中心として生産を誘導し、産地化を図ってきたという経緯が存在している。このような経緯から、Nセンターのねぎ出荷者の所在地域は産地集荷市場とは異なっており、ねぎの集分荷に関して農協と産地集荷市場とは地域的な棲み分けが形成されている。また、出荷者と出荷先である農協や産地集荷市場とは固定的な関係が構築されており、出荷者が出荷先を変更することはまれである。Nセンターの販売については都内市場等への出荷を中心としながら、加工業者や量販店を組み合わせた対応が取られていた。このうち、卸売市場に関しては都内にある2つの拠点市場への出荷割合が高く、特定の市場に対して継続出荷する傾向が顕著であった。

第4節　調査対象市場の概要

　本節以降においては、深谷市等に設置されている主として深谷ねぎを取り扱う産地集荷市場を5社[16]を対象に実施した実態調査の結果に基づいて検

表 3-6　調査対象市場の概要

単位：百万円

	所在地	取扱額（2009 年）			設立の経緯	備　考
		合計	野菜	果実		
A社	深谷市稲荷町	1,535	1,382	153	戦前から市場として存在。 戦後の 1946 年に再開。	消費地市場的な性格あり。 関連企業としてa社あり。
B社	深谷市原郷	1,655	1,467	188	戦前は出荷業者。 1957 年に移転し、市場を設立。	消費地市場的な性格あり。 移転以前は深谷駅前で営業。
C社	深谷市中瀬	3,686	3,686	-	1954 年に任意組合として市場を設立。 1961 年に会社化。	
D社	深谷市中瀬	1,969	1,969	-	1961 年に農協の市場を集出荷業者が継承。 継承時に株式会社化。	集出荷業者と出荷者が出資。 集出荷業者d社の社長が代表。
E社	熊谷市妻沼台	605	605	-	1954 年に市場設立。 1967 年に移転し、会社化。	集出荷業者が協同出資。 集出荷業者の社長が代表。

資料：埼玉資料及びヒアリング（2011 年）による。
注：－は非該当である。

討を行う。なお、調査対象となった5つの市場はいずれも民設民営の地方卸売市場であり、その概要についてとりまとめたものが**表3-6**、これら市場の所在地については**図3-2**のとおりである。以下、やや煩雑ではあるが市場毎に確認していくと、概略は以下のとおりとなる。

①A社

　A社は深谷市稲荷町にあり、2009年の取扱額は15億3,500万円である。A社の設立は、埼玉県庁の資料によれば戦後まもなくである1946年[17]となっているが、同社によれば戦時中は閉鎖していたものの戦前段階から活動実態のある市場であるとしている。また、A社はJR深谷駅近くに所在していることから、かつて深谷駅からねぎの積み出しが行われていた時期から存在していた可能性が高い。A社の市場としての性格は基本的に産地集荷市場であるが、取扱品の一部を地域の一般小売業者等へ販売しているように、消費地市場的な性格を併せ持っている。このため、1割程度ではあるが品揃えとして果実を取り扱っている。また、同社は関連会社としてa社を所有している。

図3-2　調査対象市場等の所在地

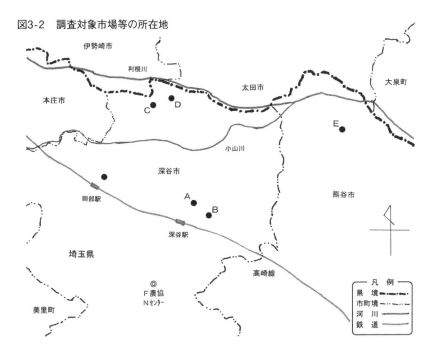

②B社

　B社は深谷駅に比較的近い深谷市原郷に所在しており、年間取扱額は16億5,500万円である。同社も消費地市場的な性格があり、このため取扱額の1割強程度は果実となっている。B社も戦前段階から活動実態があるものの、当時は現在と異なり集出荷業者であった。また、その当時は現在よりも深谷駅に近い場所に事務所兼作業所を有しており、生産者から庭先集荷したねぎ等を取りまとめたうえで、深谷駅から消費地に向けて搬出を行っていた。そして、1957年には現在地に移転するとともに、それを契機として従来の集出荷業者から産地集荷市場へと業態を変化させている。

③C社

　C社は利根川南岸のねぎ生産の中心地域である深谷市中瀬に立地している。同社の2009年における年間取扱額は36億8,600万円となっているように、深

谷ねぎを取り扱う産地集荷市場としては最大規模の市場である。C社は1954年に任意組合として設立され、1961年に株式会社化されている。しかし、C社によれば同社の前身となった集出荷業者は市場設立以前の段階においてすでに青果物の移出業務を行っていたことから、同社は集出荷業者が産地集荷市場化した事例ということができる。

なおC社によれば、深谷市等の地域では戦時統制が1949年に解除されることによって、戦中から戦後にかけての「ヤミ業者」が新たに集出荷業者として活動するようになるとともに、これら業者が青果物を調達するための拠点として多数の産地集荷市場が自然発生的に設立[18]されたとしている。このことから、現在ねぎを扱う6市場は一部に戦前からの系譜を有するものを含みながらも、その多くが戦後に産地集荷市場として設立され、現在まで存続してきた市場であるということができる。

④D社

　D社もC社と同じく深谷市中瀬にあり、ねぎ生産が盛んな地域のなかに立地している。同社の年間取扱額は19億6,900万円であることから、調査対象のなかではC社に次ぐ規模となっている。D社の設立時期は明らかでないが、株式会社化したのは1961年である。それ以前は地元の農協が市場を運営していたが、農協が市場から撤退するにあたって集出荷業者や出荷者からの出資を受けて現在のD社が設立されている。このため、現在においても同社の株主は集出荷業者や出荷者の割合が高いという特徴がある。

　現在のD社の代表は集出荷業者を兼ねているが、このような経営形態に至った経緯については以下のとおりである。D社の現代表は、元来は同社で青果物を調達する集出荷業者であった。しかし、同氏はD社の株主でもあったことから、2002年以降は専務取締役として同社の経営に参画することになった。そして、2010年にD社の前代表が引退した時には前代表の意向を受けて同氏が新代表に就任したことによって、集出荷業者が卸売業者の代表を兼ねるに至っている。このため、D社の場合は茨城県西地域の産地集荷市場

のように卸売業者が子会社として集出荷業者を所有しているのではなく、あくまで集出荷業者が卸売業者の代表を兼ねるという性格のものである。

⑤E社

　E社は熊谷市妻沼台にあり、調査対象市場のなかで唯一深谷市外に立地している。同社の年間取扱額は6億500万円というように、調査対象のなかでは最小規模の市場である。E社についてもC社やD社と同じく、利根川南岸のねぎ産地のなかに立地している。

　E社は1954年に設立されているが、同社設立以前から旧妻沼町内には青果物の集荷所が設置されており、そこにおいては出荷者から持ち込まれた青果物が集出荷業者によって買い付けられていた。しかし、このような方法では価格等に対する出荷者の不満を払拭できなかったことから、1954年にはE社の前身となる市場が集出荷業者を母体とする民設民営市場として設立されている。その後、1964年にはより敷地面積の広い現在地に移転するとともに、組織形態も株式会社へと変更されている。そして、その際には主として集出荷業者が共同出資者となったという経緯もあって、設立時から現在に至るまでE社の代表は集出荷業者のなかから互選により選出されている。なお、代表は2年毎に改選されるが、1度代表になると数期にわたって就任することから現在は5代目である。

　以上、調査対象市場の概要についてみてきた。深谷ねぎを取り扱う産地集荷市場は、戦前の鉄道輸送時代の系譜を引くものとしてA及びB社がある一方で、戦時統制経済が解除された後に設立されたC社、D社及びE社が存在している。また、D社やE社のように、利用者である集出荷業者等からの出資を受けて設立された市場が含まれているという点も特徴的である。

第5節　市場の集荷実態

(1) 集荷の概要

深谷ねぎを扱う産地集荷市場の集荷実態について、**表3-7**に基づいて確認するならば、概略は以下のとおりとなる。

①A社

A社の委託集荷率は72～73％であり、買付も27～28％程度で行われている。しかし、同社には消費者市場としての性格があることから、買付集荷は小売業者等に販売するための商品について、品揃えのために行っているものである。なお、A社の委託集荷品のなかには純粋な委託のみではなく、後述の契約取引となる加工用野菜や量販店のプライベートブランドも含まれている。

委託集荷に限るならば品目的にはねぎの割合が高く、時期にもよるが委託品全体の50～60％が同品目によって占められている。ねぎ以外の品目ではほうれんそうの約15％、きゅうりの約10％、かぶの約8％等で高い割合となっている。A社に出荷する生産者はいずれもねぎを経営の中心品目としており、それ以外の出荷品はねぎの連作回避を目的として生産したものや、ねぎの需要が低迷する夏期の出荷品として生産されたものである。

A社に出荷実績のある出荷者数は約300人であり、これらは1社の建設業者[19]を除けばいずれも実質的には個人[20]である。また、出荷者の所在地は深谷市内でも高崎線以北が中心であり、これら出荷者にはA社以外の産地集荷市場や農協に出荷を行うものは含まれていない。市場への搬入は原則として出荷者が行っているが、2009年からA社による巡回集荷も行われており、調査時では委託品の約10％を占めている。

②B社

B社はA社と同じく消費地市場的な性格があり、このため約70％の委託集

第3章　埼玉県深谷市等におけるねぎ市場の存在形態

表3-7　市場の集荷概要

単位：％、実数、人

	集荷方法	集荷先の業態構成	出荷者数	所在地	主要品目構成	巡回集荷	備考
A社	委託 72～73	個人 71～72 建設業等 1	約300	深谷市が中心	ねぎ 50～60 その他 40～50	約10	個人の所在地は高崎線以東。巡回集荷は約10％。キャベツ・なすの契約栽培を実施。
	買付 27～28	卸売市場 27～28	―		青果物全般	―	買付品は小売業者等に販売。仕入先は第4章のC社及び上尾市場。
B社	委託 約70	個人 15～20 出荷組合 50～55	約400	深谷市 約90 その他 約10	ねぎ 約50 きゅうり 約20 その他 約30	―	所在地のその他は熊谷市等及び本庄市。本庄市内には集荷場2カ所あり。かつてはキャベツとだいこんが中心。
	買付 約30	卸売市場 約30	―		青果物全般	―	買付品は小売業者等に販売。仕入先は熊谷市場及び高崎市場。
C社	委託 100	個人 約70 出荷組合 約30 生産法人 …	400～500	深谷市 約50％ 本庄市 20～25％ 熊谷市 約20％ 群馬県 5～10％	ねぎ 約65 その他 約35	―	本庄市内に集荷所(2ヶ所)あり。量販店との契約取引は約10％。1975年頃はほうれんそうが中心。
D社	委託 100	個人等 100	約500	深谷市内 約70 群馬県等 約30	ねぎ 約60 きゅうり 約20 その他 約20	…	一部に出荷組合や法人名義の出荷あるが、わずかではあるが第4章のC社からも購入。藤岡市内は運送業者が輸送。
E社	委託 100	個人 約10 出荷組合 約90	約80	熊谷市内 100	ねぎ 約70 にんじん 約20 その他 約10	―	個人の所在地は旧妻沼町。

資料：ヒアリング（2011年）による。
注：1）―は非該当、…は不明である。
　　2）任意組合や生産法人名義の出荷は、実質的には個人出荷に等しい。

荷の他に市場の品揃えとして行った買付集荷が30％程度含まれている。B社の委託集荷についてみるならばねぎがその約50％を占めているように、同社においても中心的な取扱品目となっている。ねぎ以外についてはきゅうりの約20％の割合が高く、以下、ブロッコリー、ほうれんそう、キャベツ、だいこん、にんじん等と続いている。このうちきゅうりについては、基本的にねぎの需要が低迷する夏期における農家の有休労働力対策として生産されたものである。

なお、20数年以前までのB社の取扱品目は現在よりもねぎの割合が低く、その一方でキャベツやだいこんが主力品目となっていた。しかし、このような重量野菜は生産者の作業負担が重く高齢化した生産者には不向きであることから、収穫・出荷作業における労力負担の軽さと収益性の高さから、経年的に生産品目がねぎへとシフトしてきたという経緯がある。

B社の出荷者は出荷実績のあるもので約400人となっており、このうち個人が15～20％であるのに対し、出荷組合名義によるものは50～55％となっている。しかし、出荷組合についても個別に選別・調製、搬入、精算が行われているように、実質的には個人出荷と異ならないものである。なお、この点については後述のC社、D社及びE社についても同じことがいえる。ただし、B社における出荷組合名義の出荷については、後述のように出荷奨励金の対象となっている。出荷者の所在地は深谷市内が約9割を占めており、一部に熊谷市の旧妻沼町内や本庄市内が含まれている。また、出荷者の大部分はB社のみに出荷しており、他の産地集荷市場や農協を併用するものは数人程度に過ぎない。

③C社

C社は全量を委託によって集荷しており、出荷実績のある出荷者は400～500人である。これら出荷者の所在地は深谷市内が約50％、本庄市内が20～25％、熊谷市の旧妻沼町内が約20％となっており、残り約5～10％は群馬県の太田市、伊勢崎市、藤岡市等となっている。出荷者の属性については個人

出荷者が約70％、出荷組合が約30％となっており、それ以外に生産法人も含まれているが金額的にはわずかである。出荷品の市場への搬入は原則として生産者自身が行っているが、距離的に遠くなおかつ出荷量が比較的多い本庄市に関しては市内2カ所に集荷所が設置され、そこに集荷された野菜はC社によって市場まで輸送されている。

C社の取扱品目はねぎが約65％を占めているが、これ以外にも多い品目から順にきゅうり、ほうれんそう、にんじん、ブロッコリー、トマト、かぶ等というように多品目の野菜が取り扱われている。なお、同社の取扱品目は1975年頃まではほうれんそうの割合が最も高かった[21]が、その後、特に1990年代以降に関東や東北のほうれんそう産地が成長したことが一因となって同品目の割合は低下している。その一方で、出荷者は「深谷ねぎ」の呼称でブランドが確立されつつあったねぎへと生産品目をシフトさせながら現在に至っている。なお、後述するようにC社の取扱品の約10％は契約取引によって扱われている。

C社の出荷者のうち、ねぎを同社以外にも出荷しているのは1つの生産法人のみである。ただし、ねぎ以外の品目については農協等に販売する出荷者も存在しているが、この場合は農協に対する「つきあい」として行われる性格のものである。出荷者のこのような販売対応が可能となる理由については以下のとおりである。C社の出荷者はいずれもねぎを経営の中心品目としており、同品目に関して出荷者は販売価格を厳しく確認しているので相対的に価格が低くなる農協に出荷するメリットは少ない。しかし、それ以外の品目ならばたとえ低く評価されたとしても自身の農業経営に与える影響は大きくないことが、ねぎ以外の品目ならば農協に出荷することを厭わない理由となっている。ただし、出荷者が複数の販売方法を選択している場合においても、同一品目の販売先が相場次第で変更されることはない。

C社によれば、出荷者が出荷先市場を変更するケースは年に数人程度に過ぎず、変更する場合についても市場における当該出荷者の出荷品が低く評価されたことが理由となる場合が多い。そして、このような出荷者の出荷品は

品質的に劣る場合が多く、たとえ他市場に変更したとしても高く評価されることは少ないとのことである。

④D社

　D社は1961年の設立時からねぎを取り扱ってきた市場であり、調査時においても全体の約60％が同品目によって占められている。ねぎ以外の品目ではきゅうりが約20％を占めており、次いでほうれんそうの約10％となっている。ちなみに、同社では1980～90年頃においてすでにねぎが取扱額の50％以上を占めていたように、この間、一貫して中心品目として推移している。

　D社は集荷品の全量を約500人の出荷者から委託集荷している。出荷者の名義については実質的にすべてが個人である。これら出荷者の所在地は深谷市内が約70％、利根川両岸の群馬県内[22]と栃木県内が合わせて約30％となっており、経年的には群馬県内が増加する傾向にある。深谷市内の出荷者については、その多くがねぎの生産に向くとされる利根川と小山川に挟まれた地域に所在している。

　D社の出荷者は基本的に同社のみを出荷先としており、農協や他市場を併用するものは数人程度に過ぎない。また、近年において出荷先市場を変更した出荷者も確認されていない。市場への搬入は原則として出荷者自身が行っているが、藤岡市内についてはD社が手配した運送業者による輸送が行われている。

⑤E社

　E社も全量が委託によって集荷されている。品目的にはねぎの取扱率が高く、全体の約70％は同品目によって占められている。それ以外については、にんじんの約20％やかぶ等の割合が比較的高い。E社の出荷者数は約80人であり、そのほぼすべてが熊谷市内でも旧妻沼町の町域に所在している。また、出荷名義は出荷組合が約90％と多くなっているが、これらは実質的に個人出荷というべきものである。ただし、個人と異なって出荷組合名義の出荷

第3章　埼玉県深谷市等におけるねぎ市場の存在形態

者については、後述のように出荷奨励金の対象となっている。

(2) ねぎの選別・調整

続いて、調査対象市場に集荷されるねぎの選別基準と調整方法についてみると、**表3-8**にあるようにいずれの市場においても地域慣行的な基準によって選別が行われている。また、表記していないが農協についてもほぼ同一の基準によって選別が行われている。出荷容器については、いずれの市場においても市場毎に独自デザインのものが定められているが、形状的にはほぼ等しいものとなっている。なお、出荷に際しては、必ずしもその使用は義務づけられてはいない。

ねぎの選別・調製に関しては、調査対象市場においては通常の「洗浄品」だけでなく「泥付き」のねぎも取り扱われている。後者の場合、ねぎの選別や入り数等は洗浄品と同じ基準によって行われているが、ダンボール容器ではなくビニール袋に入れられた荷姿で入荷している。しかし、泥付き品は洗浄作業が不要となるうえにビニール袋はダンボール容器より安価であるにも関わらず、洗浄品の価格的な評価の高さもあって、いずれの市場においても泥付き品の取扱量は一部にとどまっている。

表3-8　ねぎの選別基準と出荷容器

	選別基準	指定外出荷容器の受入
A社	地域慣行基準	可
B社	地域慣行基準	可
C社	地域慣行基準	可
D社	地域慣行基準	可
E社	地域慣行基準	可

資料：ヒアリング（2010年）による。

以上、本節においては調査対象となった産地集荷市場における集荷概要とねぎの選別・調製方法について確認してきた。その結果、これら市場の集荷方法は原則的に出荷者からの委託集荷となっていた。そして、委託集荷品はいずれもねぎが中心的な品目となっており、B社やC社のようにかつては他

の品目が中心であった市場についても作業負担の軽さや収益性の高さが要因となって、経年的にねぎへとシフトしてきたという経緯を持っている。出荷者の所在地域は一部に群馬県を含んでいるが、その多くが市場の周辺地域となっており、なかでも深谷市や熊谷市内の高崎線以北の生産者が多くなっている。ねぎの選別はいずれの市場も地域慣行的な基準によって行われており、出荷時の荷姿も一部ではビニール袋が使用されているものの、基本的に共通した形状のダンボール容器が使用されるなど平準化されている。

第6節 市場の取引方法と分荷実態

(1) 取引の概要

　本節では、調査対象における取引概要と集出荷業者への販売を通じた分荷について検討したい。表3-9は各市場で行われている取引についてとりまとめたものである。以下においては、同表に基づいて市場毎に取引概要を確認していくこととする。

①A社

　A社は朝8時30分に取引を行う朝市市場である。同社の委託集荷品は原則としてセリによって取引されており、その割合は95％を占めている。しかし、次項でみる加工業者への納品分や量販店のプライベートブランドについては相対によって取引されている。また、例外的に先渡しも行われているが、この場合、A社が小売業者に販売する際に通常の取引時間では店舗の開店時間に間に合わせることが難しいケースなどに限定されている。A社の手数料率は野菜・果実共に8.5％である。

　なお、A社は子会社としてa社を所有しており、a社は後述のように主として学校給食への納品に対応している。しかし、市場においてねぎの相場が低迷する出荷初期と終期には、a社が売買参加者として取引に介入している。この場合、a社は損失を出してでも入荷品を購入することを通じてA社のね

表3-9 市場の取引概要（委託集荷品）

単位：％

	取引方法		取引時間	手数料率		備考
A社	セリ 相対 先渡し	95 4 1	8:30	野菜 果実	8.5 8.5	価格低迷時にはa社が買い支え。
B社	セリ 先渡し	100 0	13:00	野菜 果実	10.0 8.0	出荷組合には1％を分戻し。 先渡しは農産物直売所のみ。
C社	セリ 相対	約90 約10	8:30	野菜 果実	8.5 8.5	低価格時はC社が補填。
D社	セリ 先渡し	99 1	8:30	野菜 果実	8.0 8.0	B級品はd社が買い支え。
E社	セリ 先渡し	99 1	14:00	野菜 果実	8.0 8.0	出荷組合には1％を分戻し。 完納奨励金は1.5〜2.0％。

資料：ヒアリング（2011年）による。
注：0は単位に満たないものである。

ぎ相場の下支えを図り、価格を維持している。

② B社

B社は午後1時からセリが行われる昼市市場であり、委託集荷品についてはほぼ全量がセリによって取引されているように、市場の取引原則が維持されている。ただし、ごく一部については先渡しも行われており、これについてはB社の販売先である農産物直売所が店舗の開店時間前に調達に来た場合等に限定され、割合的にも1％に満たない水準である。B社の手数料率は野菜が10.0％、果実は8.0％となっているが、出荷組合名義で出荷されたものについてはそこから1％が出荷奨励金として出荷者に戻されている。

ここで、B社が昼に取引を行う理由について確認すると、主として集出荷業者の利便性を高めることにある。具体的には、深谷市等の産地集荷市場は朝にセリを行うものが多いが、集出荷業者の多くは深谷市内だけでなく群馬県内の市場も含めた複数の市場で調達を行う関係から、取引時間帯を分散化させるためセリの開始が昼に設定されている。

③C社

　C社についてもセリが取引の中心であり、その割合は約90％を占めている。そして、残りの約10％についてはねぎを対象品目とする大手量販店との契約取引であり、この場合は相対によって処理されている。同社の取引開始時間は朝8時30分、手数料率は野菜・果実共に8.5％である。

　C社における価格形成は、契約取引品を除けばセリを通じた需給実勢によって行われているが、セリにおいて相場が低迷し、出荷容器の単価よりも価格が下回った場合や良い荷であるにも関わらず異常な安値になったときなどには、同社が価格補填を行うことによって出荷者を支援している。

④D社

　D社の取引も朝8時30分から開始されているように、朝市市場となっている。同社の取引は原則的にセリによって行われており、先渡しは購入する側の集出荷業者に相応の理由がある場合にのみ認められていることから、割合的には1％程度に過ぎない。D社の手数料率は、野菜・果実のいずれも8.0％に定められている。

　なお、D社は1961年の設立当時から一貫して朝市を行っていたが、過去において夕市を平行して行っていた時期があった。出荷者にとって夕市は昼間に収穫・調製作業が行えることから時間配分的に効率が良く、このため集荷量も多かった。しかし、市場で購入する集出荷業者にとっては夜間の搬出作業となってしまうことから忌避される傾向が強く、それが一因となって2000年頃に夕市を廃し、現在の朝市のみを行う市場に戻している。

　D社の取引で特筆されるのは、同社の代表が集出荷業者d社の経営者を兼ねていることを利用して、d社がD社に入荷したB級品のねぎを買い支えることによって市場価格に影響を与えている点にある。このため、通常ならばA級品の半値程度でしかないB級品の価格が下支えされるだけでなく、これらB級品の価格に規定されてA級品の価格も比較的高く維持されるという効果がもたらされている。

⑤E社

　E社は昼市市場であり、午後2時から取引が開始されている。同社もセリを中心的な取引方法としており、全体の99%がセリによって処理されている。また、先渡しについては集出荷業者が量販店の納品時間に間に合わせることができない場合などに限定されていることから、例外的な取引方法ということができる。E社の手数料率は、野菜・果実のいずれも8.0%となっているが、出荷組合名義の出荷者には出荷奨励金として1%、また、集出荷業者には完納奨励金として1.5〜2.0%[23]の歩戻しが行われている。

　以上、調査対象市場における取引についてみてきた。その結果について概括するならば、以下のとおりとなる。概して、関東地方の産地集荷市場における取引は昼間または夕刻に行われる傾向[24]にあるが、深谷ねぎを主要取扱品目とする市場については朝市が多いという特徴があった。このように、ねぎを主要取扱品目とする産地集荷市場で朝市が多くなる理由としては、同品目は多くの葉物野菜等と比較して鮮度に対する要求が比較的低く、前日に収穫したものを産地集荷市場の朝市で取引し、さらにその翌朝、転送先の消費地市場で再販売したとしても鮮度上大きな問題とはならない点が想定される。また、産地集荷市場における取引は原則的にセリによって行われており、先渡しは例外的な方法となっているように市場の取引原則が維持されていた。

（2）分荷の概要

　続いて、表3-10を基に調査対象市場の分荷について確認すると、概略は以下のとおりとなる。

①A社

　A社の販売先の約80%は10社の集出荷業者等によって占められており、このうち県外は2社、県内については8社となっている。なお、県内の集出荷業者のなかにはA社の子会社であるa社も含まれている。そして、これら集

表3-10　市場の販売先

単位：実数、%

調査対象	販売先の業態	業者数	割合	所在地	集出荷業者の販売先業態	他市場転送時の分布地域	備考
A社	集出荷業者等	10	約80	県内 2 県外 8	卸売市場が中心 量販店 学校給食等	関東　　約30 東北・北陸　約55 関西・中四国　約15	学校給食へはa社が納品。
A社	流通業者	1	3	県外	－	－	加工原料（キャベツ）を契約栽培。
A社	量販店	1	1	県外	－	－	量販店のPB（なす）を契約栽培。
A社	小売業者	10	約17	深谷市	－	－	小売業者の多くはB社と共通。
B社	集出荷業者	20～25	約80	埼玉県北部 群馬県南部	卸売市場が中心 量販店 加工業者等	…	量販店販売品は集出荷業者がパッキング。
B社	小売業者	20～30	約20	深谷市	－	－	小売業者の多くはA社と共通。 ローカルスーパーと農産物直売所を含む。
C社	集出荷業者	20～25	100	深谷市　約10 群馬県　約10	卸売市場　約80 量販・加工　約20	関東　　　約30 北海道・北陸　約20 東北　　　約10 上信越　　約10 北陸・関西　約10	
D社	集出荷業者	15	100	深谷市 群馬県	卸売市場　約30 量販店　約50 加工業者等　約20	東京都内が中心	量販店販売品は集出荷業者がパッキング。 量販店のPBを契約栽培。 一部に北海道、青森県、三重県等を含む。 加工業者等には集出荷業者が一次加工。
E社	集出荷業者	7～8	100	深谷市 熊谷市 群馬県	卸売市場　約70 量販店等　約30	関東　　　約35 東北　　　約20 その他　　約45	量販店販売品は集出荷業者がパッキング。 熊谷市は旧妻沼町、群馬県は太田市。 一部に加工業者を含む。

資料：ヒアリング（2011年）による。
注：－は非該当、…は不明。

出荷業者の分荷機能や輸送機能によって、消費地の卸売市場等に対する再分荷が行われている。A社が集出荷業者に販売したねぎ等の最終分荷先地域[25]は関東が約30％であり、残り約70％のうち約55％が東北・北陸地方、約15％が関西・中四国地方等という構成である。ちなみに、集出荷業者の転送先は経年的に遠隔化する傾向にある。

集出荷業者以外の販売先としては、深谷市内等に店舗を所有する10社の一般小売店等に10％程度を販売しており、A社の消費地市場的な性格を示している。また、A社は青果物の流通業者1社に約3％、大手量販店1社に約1％を販売しているが、これらは次にみる契約取引に該当するものである。

A社が行う契約取引として、2007年から青果物の流通業者を通じて加工用野菜の取り扱いを開始している。その目的はA社の取扱額を拡大することに加えて、産地集荷市場においても安定的な取引を実現することの2点があげられている。同取引の具体的方法は、A社が15人の出荷者から粗選別の冬物キャベツを1コンテナ当たり12kg、玉数では4～6玉ずつ詰められた荷姿によって集荷し、これを流通業者に対し550円/コンテナの単価で納品するというものである。同取引の2010年における取扱額は約5,000万円となっている。また、大手量販店のプライベートブランドについては2011年に開始されており、この場合は1人の出荷者が生産したなすを対象品目として、A社を経由したうえで量販店へと納品されている。同取引の取扱額は、初年度である2011年において約1,000万円が見込まれている。

②B社

B社についても消費地市場的な性格を併せ持っていることから、販売額全体の約20％は深谷市内等に店舗のある20～30社のローカルスーパーや一般小売店、農産物直売所等によって占められている。ちなみに、これら一般小売店等の多くはA社と共通のものであることから、深谷市内の小売店の多くが2つの市場を仕入先として併用していることが分かる。

一方、残りの約80％は20～30社の集出荷業者となっており、これらは深谷

市を中心とする埼玉県北部や利根川北岸にあたる群馬県南部に拠点を持つ業者である。なお、B社にはねぎの出荷期間中には多数の集出荷業者が調達に訪れているが、年間を通じてB社から購入するものは12社に過ぎないことから明らかなように、時期によってセリに参加する業者数は大きく異なっている。

B社でねぎ等を調達した集出荷業者の販売先は消費地市場が中心である。消費地市場以外では集出荷業者がパッキングを行ったうえで量販店に納品したり、加工業者に納めるケースも多い。このうち、量販店への納品は少なくとも10年以上前から行われていたとされていることから、集出荷業者と量販店との直接的な結びつきは相当以前からみられている[26]。なおB社からは、集出荷業者は産地集荷市場等で調達した青果物を消費地市場等に再分荷するという従来からの機能に加えて、近年は西日本を含む広範囲の卸売市場から調達するだけでなく、パッキング等の処理を加えたうえで量販店等に納品するなど、中間加工業者としての性格が強くなりつつある点が指摘されている。

③C社

C社はほぼ全量を集出荷業者に販売しており、これら業者の所在地は深谷市内が約10社、群馬県内が約10社となっている。なお、群馬県内には本書の第4章で検討する群馬県中毛地域A社という比較的規模の大きな産地集荷市場が存在しており、C社で調達を行う集出荷業者の多くは中毛地域A社においても購入している。また、C社は契約取引によって大手量販店に納品を行っているが、これについても商流上は集出荷業者を通じた販売となっている。

C社でねぎ等を調達した集出荷業者の販売先は、約80％を占める消費地市場が中心的な業態となっている。これら消費地市場の所在地域は関東が約30％、北海道が約20％、東北が約10％、上信越が約10％、北陸・関西が約10％となっているように、中四国と九州を除くほぼ全国に転送が行われている。転送先地域を経年的にみた場合、北海道と東北の割合が低下しつつあるが、その理由は以下のとおりである。C社はかつてほうれんそうが取り扱い

第3章　埼玉県深谷市等におけるねぎ市場の存在形態

の中心品目であったことはすでにみたが、当時は当該品目の生産量が少なかった北日本への搬出率が高かった。しかし、その後は同社の取扱品目がほうれんそうからねぎに移行するとともに、北海道や東北において葉物野菜の産地形成が進展したことが北日本への転送率が低下した要因とされている。一方、近年は関西市場における軟白ねぎの消費拡大や深谷ねぎブランドの浸透によって、関西への搬出率が高くなる傾向にある。

　C社からは、消費地市場以外にも約20％が大手量販店や加工業者に対して最終分荷されており、これら業態の割合は経年的に増加する傾向にある。また、このうち約10％は契約取引となっている。なお、量販店に納品されるものについては集出荷業者によってパッキングされるケースが多くなりつつあることから、集出荷業者の加工機能は充実しつつある点を指摘することができる。

　ここで、C社が行う契約取引の概要について確認したい。同社は大手量販店のプライベートブランド品を契約品として取り扱っており、割合的には委託集荷品の約10％が該当している。同取引はねぎ等の品目を対象として、出荷者、集出荷業者3社及び量販店1社を交えた事前取り決めにしたがって行われている。この場合、物流上は集出荷業者が出荷者から集荷した荷を量販店に対し直接的に納品しており、C社は商流のみが経由するという商物分離取引[27]となっている。同取引において商流上市場を経由させる理由としては、以下の3点があげられる。①集出荷業者の側に、対象商品が元来は市場の荷であったという認識が存在する。②出荷者の側に、市場を経由させることに対する安心感が存在する。③市場としては、契約品の取引価格に市場相場を反映させることによって価格の下支えが可能となる。

④D社
　D社についてもほぼ全量を15社の集出荷業者に販売している。ちなみに、販売先の集出荷業者数はこの10年間で2社減少しており、この間、業者の廃業はあっても新規参入はない状態が続いている。D社で調達を行う集出荷業

者の所在地は同社の周辺地域が中心であるが、なかには県内他地域や群馬県内の業者も含まれている。そして、これら集出荷業者の調達先は深谷市内だけでなく、第4章で検討する群馬県中毛地域A社をはじめとする県外市場も併用されている。

　D社が集出荷業者に販売したねぎ等の最終仕向先は消費地市場が約30％、量販店が約50％、加工業者等が約20％という構成である。このうち消費地市場に転送される場合の最終分荷地域は、東京を中心とする関東の割合が高くなっている。しかし、一部については北海道や青森県、三重県内等といった遠隔地の市場にも搬出されている。一方、集出荷業者による量販店や加工業者等への販売は2000年以降に拡大しており、調査時に至るまで増加傾向で推移している。

　続いて量販店への分荷についてみると、D社の販売先である15社の集出荷業者のなかで量販店に納品を行っているものは10社となっており、これにはD社の代表が経営するd社も含まれている。そして量販店に納品されるねぎについては、基本的に集出荷業者によってパッキング等の処理がなされている。また、加工業者等に納品する場合は集出荷業者が一次加工としてカッティングを行うケースが多く、なかにはd社のように乾燥作業まで行うものも存在している。加工されたねぎの最終仕向先は、主として食品製造業者や外食業者等となっている。

　このように、D社で調達を行う集出荷業者は従来から行われてきた消費地市場への転送に加えて、量販店や加工業者等への販売割合が高くなりつつある。また、後者の場合は集出荷業者によって加工が行われるケースが多いという特徴がある。ところで、一般的に量販店や加工業者に販売する場合、消費地市場への転送と異なって安定的な価格による納入が要求される傾向が強いと考えられる。しかし、産地集荷市場における相場はその時々の需給実勢によって形成されるものであり、絶えず変動を伴っている。このためD社によれば、市場における価格変動は集出荷業者が一時的に吸収することによって調整され、納入価格の安定化が図られているとしている。

第3章　埼玉県深谷市等におけるねぎ市場の存在形態

⑤E社

　E社の販売先は集出荷業者にほぼ限定されており、常時7～8社が同社で調達を行っている。そして、これら集出荷業者にはE社の代表者が経営するものが含まれている。なお、E社で調達を行う集出荷業者数は、この15年間は変化していない。これら集出荷業者の所在地は、深谷市内や熊谷市の旧妻沼町内、さらには群馬県太田市等というように、市場から比較的近い地域となっている。これら業者はE社だけでなく複数の市場から調達しており、この場合、深谷市内や群馬県内の市場が対象となっている。

　E社が販売したねぎ等の最終分荷先は消費地市場が約70％を占めており、地域的には関東が約35％、東北が約20％、その他が約45％という構成である。また、この10年間でみるならば地域構成に大きな変動は生じていない。

　一方、E社による量販店等への納品は1990年頃から開始されているが、2000年以降はその割合に大きな変化はなく、調査時現在において約30％となっている。なお、一部ではあるが量販店等には加工業者が含まれている。E社によれば、近年において量販店等への販売が伸び悩む要因として、量販店に納品する場合は集出荷業者の段階でパッキング等の作業が発生するうえに納入数量も不安定であり、加えて納入価格も固定化される傾向にあることから、集出荷業者には課題が多い点があげられている。このため多くの集出荷業者は、量販店等に販売する場合は集出荷業者が直接的に対応するのではなく、集出荷業者と量販店等の間に消費地市場等を介する方が望ましいとしているとのことである。

　以上、主として深谷ねぎを取り扱う産地集荷市場及び集出荷業者の分荷についてみてきたが、その結果についてまとめると以下のとおりとなる。産地集荷市場の分荷については、集出荷業者への販売が中心となっていた。しかし、一部の市場では集出荷業者を通じて産地集荷市場と実需者等が直接的に結びつくことによって、契約取引や量販店のプライベートブランドを取り扱

うなど新たな取り組みを開始する動きがあることが確認できた。このうち集出荷業者については、経年的にその割合を減少させながらも従来からの販売先である消費地市場への転送を販売の中心としていた。また、転送先市場の所在地域は比較的関東の割合が高いという傾向がみられた。一方、近年は様々な課題がありながら量販店への納品を行ったり、自社で一次加工をしたうえで食品製造業者に納品するなど販売先や販売方法の多様化が進みつつあった。

市場における分荷構造の変容にともなう集出荷業者の機能変化については以下のとおりである。集出荷業者は量販店の納入品にパッキング等を行うことによって、新たに加工機能が求められるようになった。さらに、食品製造業者や外食業者等への販売にあたってはカッティング等の一次加工が求められることから、集出荷業者はより高度な加工機能が要求される結果となっている。それに加えて、量販店や加工・外食業者等に直接販売する場合、市場相場と納品価格の乖離によって必要となる価格面での調整は集出荷業者が担わざるを得ないことから、同業者には新たに価格調整機能が要求されるようになっている。

(3) 卸売業者による関連企業等を通じた業務多角化

調査対象市場のうちA社は関連業者であるａ社を所有しており、D社については同社の代表が集出荷業者であるｄ社の経営者を兼ねている[28]ことから、本節においてはこれら２社の概要について検討を行う。

①ａ社

ａ社は産地集荷市場A社の関連会社であり、2008年にA社代表の親族を経営者として設立されている。ａ社を設立した目的は、主として小学校等の学校給食に青果物の納品を行うことにある。このような取り組みが行われた経緯については以下のとおりである。

ａ社が設立される以前においては、A社の売買参加者のなかに青果物を学校給食の食材として納品する業者が存在しており、A社は同業者を通じて間

接的に学校給食に対応していた。しかし、2008年に同業者が高齢を理由として廃業し、その後、関係機関が小売業者等に呼びかけても学校給食への納品を行う業者が現れなかったことから、A社がその受け皿として設立したのがa社である。

現在、a社は深谷市内の小中学校6校で使用する青果物の納品を主要業務としているが、それ以外にも前述のように、A社におけるねぎ相場の低迷時等には売参人として取引に介入することで市場相場を下支えするなど、市場における価格調整の一翼を担うという機能を果たしている。そして、このような機能が求められる背景には、深谷ねぎを取り扱う産地集荷市場と出荷者との間には固定的な関係が構築されてはいるものの、市場相場に対する出荷者の強い関心の存在があげられる。

②d社
D社の代表は前任者の意向により同社の経営を引き継いでいるが、前述のように元来はD社で青果物の調達を行う集出荷業者d社の経営者であり、現在においてもd社の代表を兼ねている。d社は深谷ねぎを扱う集出荷業者として40年以上の歴史があり、現在の代表は3代目に該当している。同社の年間取扱額は約6億円であり、このうちねぎを中心とする青果物の消費地市場等への転送が2～3億円、一次加工を行ったうえでの納品が3～4億円という構成である。d社における元来の主要業務は他市場への転送であったが、1989年に加工業者の要望に応じる形でねぎ等の一次加工を開始し、その後、取扱量を拡大しながら現在に至っている。

d社が行う加工業務としては、ねぎをカットした後に熱風乾燥処理を行うことによる「乾燥ねぎ」の製造があげられ、同製品は複数の大手加工業者に中間原料として納品されている。そして、これら加工品は最終的にインスタント味噌汁の具材や米菓の風味付け等に使用されている。それ以外にもd社は、金額的には決して多くはないがねぎを原料として「ねぎ油」を製造し、群馬県内の香料製造業者に納品するなど食品以外の用途にもねぎの一次加工

品を供給している。さらにd社では、他市場等から北海道産のたまねぎやにんじん、群馬県産のごぼう、茨城県産のはくさい等を調達し、一次加工を行ったうえで加工業者等に再販売するなど多方面にわたる業務が展開されている。

このように業務が多角化する一方で、d社の本来業務である市場間転送は金額でこそ一次加工品の販売額より少なくなっているものの、現在においても同社における基幹事業として位置付けられており、今後もその継続が経営の前提となっている。

以上、a社とd社について検討してきたが、これらは設立目的や事業展開の方向性は異なるものの、茨城県西地域と同じく深谷市等のねぎの産地集荷市場においても集出荷業者による経営多角化に向けた取り組みが展開されている。

第7節　産地集荷市場と農協との関係

本節においては、深谷ねぎを取り扱う産地集荷市場と農協との関係について確認したい。まず、取り扱われるねぎの品質や評価についてみると以下のとおりである。C社によれば、ねぎの品質については農協より産地集荷市場の方に良いものが集荷されているとしており、同じくD社からも、農協より産地集荷市場の方が総じて高品質品が扱われる傾向にある点が指摘されている。このため、産地集荷市場の方が価格的な評価は高く、出荷者の手取りも総じて高くなる傾向にある。

ねぎの評価が産地集荷市場と農協とで異なることの要因としては、主として生産圃場の土質、言い換えれば出荷者の所在地によるところが大きい。A社によれば、総体的な傾向として産地集荷市場の出荷者は農協出荷者と地域的に区分されており、具体的には高崎線を境としてその北側に産地集荷市場の出荷者が多く、反対の南側には農協出荷者が多いとしている。そして、利根川に近い高崎線以北の土壌は耕土が深く、水はけが良いことがねぎの品質

に好影響を与えており、ひいては消費地市場等における産地集荷市場取扱品の評価の高さにつながっているとしている。一方、高崎線以南の土壌は相対的にねぎ栽培には劣るとされ、このため同地域で生産されたねぎは品質や評価面で低くみられる傾向にある。

そして、このような出荷者の地域区分は、歴史的な経緯によるところが大きい。例えばA社によれば、深谷ねぎは比較的早い段階において、高崎線以北を主要集荷地域とする産地集荷市場による集出荷の仕組みが形成されていた。そして、後年になって農協が高崎線以南の生産者にねぎの作付けを誘導し、同地域を集荷基盤とする共販が展開されるなかにおいても高崎線以北の出荷者を取り込むことはできなかったことから、農協のシェアを高めることができないまま現在に至ったとのことである。同じくE社からも、深谷ねぎの集出荷については農協よりも産地市場が先発であり、農協が深谷ねぎの集荷に参入して以降も、そのシェアを拡大させることが難しかった点が指摘されている。

また、産地集荷市場におけるねぎの相場が総じて高く維持された理由としては、農協と比較して生産地の土壌に起因する品質面での優位性に加えて、産地集荷市場で行われるセリという評価方法によるところが大きいとされている。例えばB社からは、セリという取引方法は相場が乱高下するものの、消費地市場の相場に規定されて低値安定となる農協価格と比較して総体的に高い価格が形成される傾向がある点が指摘されている[29]。同じくE社からは、セリによって相対的な高価格を継続的に維持してきたことが、産地集荷市場が現在に至るまで生産適地に所在する出荷者をつなぎ止める結果となった点が指摘されている。

以上をまとめるならば、深谷ねぎに関しては農協がねぎの共販に参入する前の段階において、産地集荷市場を中心にねぎ栽培適地の出荷者を取り込んだ形で集出荷の仕組みが形作られていた。そして後年、農協が販売に参入するようになって以降も産地集荷市場は品質面での優位性に加えて、セリという取引方法で形成された高水準の価格によって出荷者をつなぎ止め、現在に

至るまで市場を中心とする集出荷の仕組みが維持されてきたということができる。

第8節　小括

　本章においては、埼玉県深谷市等に所在する主として深谷ねぎを取り扱う産地集荷市場5社等を対象として実施した実態調査の結果に基づいて、①深谷ねぎを取り扱う産地集荷市場における集出荷の現状について把握するとともに、②市場の存続が今日まで可能となり得た要因を明らかにすることを目的として検討を行ってきた。ここで、その結果について小括すると以下のとおりとなる。

　深谷ねぎを扱う産地集荷市場には、深谷駅等の近くに施設を設置することで鉄道による消費地市場等への搬出を手がけてきた戦前段階から活動実態のある市場と、戦後の経済統制の解除後に設立されたものとに大別されている。これら市場はねぎの生産適地である高崎線と利根川に挟まれた地域に立地しており、農協がねぎの共販に取り組む以前の段階から産地集荷市場を中心とする集出荷の仕組みが構築されていた。出荷者の生産品目については、ねぎの収益性や作業負担の軽さを理由に他品目からねぎへと品目が転換されることによって、経年的に同品目の生産規模は拡大しながら推移している。

　その一方で、ねぎの集出荷に関して後発であった農協は、それまでねぎの生産が盛んでなかった高崎線以南の生産者を中心に産地形成を図っている。しかし、産地集荷市場と出荷者との関係は社会的な要因もあって固定的であり、農協共販が展開されるなかでも市場の出荷者が出荷先を変更したり、相場等をみながら複数市場を使い分ける等の対応がとられることは少なかったことから、現在に至るまで産地集荷市場を中心とする集出荷体制が維持される結果となっている。

　続いて、産地集荷市場における価格形成は基本的にセリによって行われている。このため、産地集荷市場の相場は乱高下する傾向があるものの、集荷

品の品質面での優位性もあって農協出荷品と比較して相対的に高い相場が形成されており、このことが農協が産地集荷市場の出荷者を共販に取り込めなかった一因となっている。

　産地集荷市場でねぎ等を購入した集出荷業者は主として消費地市場に再分荷しており、この場合の転送先市場は比較的関東の割合が高いという傾向がみられた。一方で、集出荷業者がパッキングを行ったうえで量販店等に販売したり、加工業者に一次加工品を原料として納品するケースも多い。また、一部の集出荷業者は子会社等の設立を通じて業務の多角化を図ったり、市場相場の下支え等を行っていた。

　ここで、ねぎが集出荷業者から直接的に量販店へと販売される理由について整理するならば、深谷ねぎはその生産量の多さや品質及びブランド力から量販店の品揃え上不可欠のアイテムであり、このため量販店は都市部の消費地市場から間接的に調達するよりも、産地に近く確実に調達できる可能性の高い集出荷業者を仕入先として選択したことによると考えられる。また、集出荷業者がパッキング等に対応できることも、量販店が仕入先として選択する際には有利に作用したものと思われる。

　一方、集出荷業者の再分荷先となる消費地市場はどのような属性の市場であるか明らかではないが、所在地域が主に関東であることと深谷ねぎの農協におけるシェアの低さを考え合わせるならば、都内の拠点市場等である可能性が高いといえよう。同時に、これら市場に対しては需給逼迫時のスポット的な出荷ではなく、分荷先市場におけるねぎの品揃え上不可欠なものとして、一定の数量が継続的かつ安定的に搬出されている可能性が高い。

注
1）［4］のp.523による。しかし、［1］のp.137では、深谷市等を含む利根川右岸農村が米麦＋養蚕型の農業から蔬菜専作型農業への移行が完了した時期を1960年代末としていることから、園芸産地への転換は長期間にわたって行われたと考えられる。
2）［4］のp.526によれば、昭和初期にあたる1928年には埼玉県南部を中心に64の

魚菜市場が設置されており、これら市場の多くは産地集荷市場として東京等に対する野菜の出荷を行っていたことが指摘されている。
3）［１］のp.105によれば、深谷市等の産地集荷市場は1941年10月に施行された「埼玉県青果物配給統制規則」に基づいて活動を停止している。
4）本章のA社によれば、深谷ねぎのうち産地集荷市場を経由するものは約70％、農協共販が約20％であり、これら以外に農産物直売所や生産者の庭先直売及びスーパー等への直接納品が合わせて約10％であるとしている。
5）深谷市へのヒアリング（2012年）による。
6）深谷ねぎの呼称の歴史及び生産地域の移動に関しては、本章のA社及びC社へのヒアリングによる。
7）本章のA社及びD社へのヒアリングによる。
8）『平成24年産野菜生産出荷統計』によれば2012年の埼玉県におけるねぎの作付面積は2,414haであり、全国第１位の千葉県（2,415ha）に匹敵する生産規模となっている。
9）『埼玉県卸売市場概要　平成22年版』による。
10）埼玉県庁は県内の卸売市場を消費地市場と産地集荷市場に区別して把握していないことから、本章で検討を行った市場を除けばどの市場が産地集荷市場であるかは特定できない。ただし、前掲の表1-6では埼玉県内の産地集荷市場を５市場としていることから、本章の検討対象となった市場以外に産地集荷市場は存在しない可能性が高い。
11）埼玉県東南部の朝夕併設市場については［２］を参照されたい。
12）深谷市内には2011年段階で４農協が存在しているが、このうちF農協の規模が最も大きく４農協計の正組合員9,889人のうちF農協が79.5％を占めている。また、深谷ねぎを共販品目としているのはF農協のみである。
13）F農協のNセンター以外の集荷所はいずれも高崎線の北側に設置されており、これらへの出荷者は、産地集荷市場の出荷者と同じ地域内に混在しているとのことである。このような構造になった要因は、産地集荷市場の集荷圏域内に所在した合併前の旧農協が、産地集荷市場に出荷を行っていなかった生産者を中心に野菜の生産・出荷を誘導してきたことによるとしている。ただし、これら地域の出荷者も品目毎に出荷先を固定化しており、相場次第で出荷先を変更するという出荷行動をとることはまれである。
14）出荷対象市場等が８市場というのはNセンターに限ったことであり、他の集荷場を合わせるならば出荷先の市場数はさらに多くなっている。
15）一例としては、ヒアリングに協力してくれたF農協担当者の父親はねぎ生産者であるが、息子が農協に勤めていることに加えてねぎの集荷担当であるにも関わらず産地集荷市場に出荷しており、農協に変更することはないとのことである。

第3章　埼玉県深谷市等におけるねぎ市場の存在形態

16) 深谷ねぎを扱う産地集荷市場は調査対象となった5社以外にもう1社存在している。同社はJR岡部駅にほど近い深谷市市岡にあり、2009年の取扱額は1億7,400万円というように比較的規模の小さな市場である。
17) A社の設立時期が県庁資料と実際とで異なる理由は、産地集荷市場は戦時中に市場としての活動を停止していたことから、県は再開の時期をもって設立としたことによると考えられる。
18) ［1］のpp.109-110では、深谷市等を含む利根川右岸農村において戦後の統制解除と同時に多数の産地集荷市場の簇生がみられた点が指摘されている。
19) A社に出荷する建設業者は、有休地や有休労働力を利用しながら副業として青果物を生産している。
20) この場合の個人出荷者には出荷組合名義によるものが含まれている可能性もあるが、その場合も個人単位で選別・調製や輸送、精算が行われていることから、実質的な個人出荷とみなすべきものである。
21) ［1］のpp.5-6によれば、利根川中流域のうち埼玉県側である深谷市・本庄市・旧妻沼町の主要生産品目として、ごぼう、きゅうり、ほうれんそう、すいか、だいこん、やまといも等があげられており、ねぎは決して中心的な生産品目ではなかったことがうかがえる。
22) 群馬県内においてもねぎは生産されており、利根川によってもたらされた土壌で生産されたものは品質的に埼玉県産と異ならないものである。しかし、「深谷ねぎ」の呼称は埼玉県産の一部に認められたものであることから、調査対象市場で群馬県産のねぎが取り扱われた場合でも「深谷ねぎ」とされることはない。
23) 完納奨励金の還元率については、E社の役員がその時々の相場や豊凶等を勘案しながら決定している。
24) 本書第2章及び第4章、引用文献［2］及び［3］にみられるように、産地集荷市場や産地集荷市場的な性格を併せ持つ消費地市場においては、集出荷業者への販売は昼市または夕市で行われる場合が多い。
25) ここでいう産地集荷市場の最終分荷先地域とは、卸売業者が間接的に把握している集出荷業者の販売先地域や市場であることから、概数とならざるを得ないのは第2章と同様である。
26) ［1］のp.174によれば、1994年の段階において深谷市等の産地集荷市場で青果物を調達する集出荷業者の多くは、簡易な加工を行ったうえで量販店等に納入している点が指摘されている。また、同書のp.182においては、集出荷業者の業務内容が従来の移出専業から加工等へと拡大した時期を1970年代以降であるとしている。
27) C社によれば、同社の商物分離取引は1970年頃から開始されている。その理由としては、1960年代後半から1970年代前半にかけては市場への入荷量が最も

多かった時代であり、卸売場の面積的な問題から全量を市場に搬入することが不可能であった点があげられている。
28) E社についてもD社と同じく代表が集出荷業者の経営者を兼ねているが、E社についてはヒアリングをできなかったことから本書における検討対象とはしていない。
29) 同様の指摘は、本書第4章で検討する群馬県中毛地域のD社からも得られている。D社によれば、深谷市等の産地集荷市場においては時期により同社の2倍程度の相場が形成されるとしている。

引用文献
［1］新井鎮久『産地市場・産地仲買人の展開と産地形成：関東平野の伝統的蔬菜園芸地帯と業者流通』成文堂、2012年、p.209。
［2］木村彰利「大都市近郊園芸生産地域に存在する地方卸売市場における個人出荷青果物の流通構造に関する研究」『農業市場研究』第14巻2号、2005年、pp.64-72。
［3］木村彰利「大都市近郊園芸生産地域の卸売市場における個人出荷野菜の集・分荷に関する研究―千葉県東葛地域を事例として―」『農業市場研究』第16巻第1号、2007年、pp.29-41。
［4］埼玉県編『新編埼玉県史　通史編6』埼玉県、1989年、p.1、140。

第4章

群馬県中・東毛地域の消費地市場等による県外搬出

第1節　本章の課題

　群馬県は青果物の一大消費地である東京都に近く、また年間を通じた野菜生産が可能となる畑作地帯でもあることから、同県においては比較的早い段階から従来の養蚕等に代わって野菜生産の展開が広範にみられている[1]。このため、群馬県には歴史的に集出荷業者による庭先集荷や産地集荷市場を通じた集出荷が盛んに行われてきたという経緯があり[2]、現在においても平野部に該当する中毛地域及び東毛地域[3]には複数の産地集荷市場が存在している。ちなみに、群馬県の地域区分を図示するならば図4-1のとおりとなる。なお、中毛地域と東毛地域は県の平坦部として青果物の生産・流通に関する共通性が高いことから、本章においては原則的に区別することなく「中・東毛地域」として一括して扱うことにしたい。

　中・東毛地域には産地集出荷市場が存在する一方で、同地域の消費地市場は地域の小売業者に青果物を供給するだけでなく、これら市場で青果物を調達した集出荷業者の分荷機能を通じて、群馬県産青果物の県外消費地市場等に対する搬出が盛んに行われている。さらに、一部の消費地市場では卸売業者による県産青果物の県外搬出への取り組みが展開されつつあり、これらは従来とは異なる青果物の集出荷形態として捉えることができる。このため、本章においては群馬県中・東毛地域に所在する消費地市場や産地集荷市場、及び農協を対象として、2012年10月から12月にかけて実施した実態調査の結果に基づいて、以下の諸点を明らかにすることを課題とする。

　第1に、群馬県中毛地域の消費地市場を事例として、消費地市場卸売業者

図4-1 群馬県の地域区分

による県産青果物の県外搬出の実態について明らかにする。

　第2に、消費地市場卸売業者による県外搬出と比較対照するために、同じく群馬県中・東毛地域にある産地集荷市場を事例として、これら市場で行われている集出荷業者を通じた県産青果物の県外搬出について明らかにする。

　第3には、卸売業者による県外搬出が行われている消費地市場と地元農協との関係について確認するため、当該市場と集荷圏域を同じくする農協における青果物の集出荷について明らかにする。

　そして、上記課題の検討を通じて、消費地市場の卸売業者による群馬県産野菜の県外搬出に向けた取り組みが、現代の青果物流通において持つ意義について考察を行いたい。

第4章 群馬県中・東毛地域の消費地市場等による県外搬出

第2節 群馬県中・東毛地域の青果物生産と卸売市場

(1) 群馬県中・東毛地域における青果物の生産・流通

　本節においては、群馬県中・東毛地域の消費地市場による青果物の県外搬出について検討する前段階の整理として、同地域の青果物生産と集出荷形態について確認したい。

　まず、表4-1に基づいて耕地の状況からみれば、群馬県の耕地面積4万8,340haのうち中・東毛地域はその50％強である2万5,227haを占めている。その内訳をみれば田が55.2％、畑は42.4％、樹園地は2.4％となっているように、全国と比較して畑の割合が高い傾向にある。しかし、中・東毛地域は群馬県内でも平坦な地域に該当することから、県全体と比べた場合は畑の割合がいくらか低い傾向となっている。これを中毛地域と東毛地域に分けてみれば、

表4-1　群馬県中・東毛地域の経営耕地面積（2010年）

単位：千ha、ha、％

		面積			割合			
		合計	田	畑	樹園地	合計	田	畑	樹園地
全国		3,632	2,046	1,372	214	100.0	56.3	37.8	5.9
群馬県		48,340	20,560	25,703	2,076	100.0	42.5	53.2	4.3
	中・東毛地域	25,227	13,928	10,685	614	100.0	55.2	42.4	2.4
	中毛地域	13,957	6,478	7,036	443	100.0	46.4	50.4	3.2
	前橋市	6,685	3,485	2,945	255	100.0	52.1	44.1	3.8
	渋川市	2,235	496	1,635	104	100.0	22.2	73.2	4.7
	伊勢崎市	3,588	1,628	1,934	26	100.0	45.4	53.9	0.7
	榛東村	342	110	193	40	100.0	32.2	56.4	11.7
	吉岡町	330	123	192	15	100.0	37.3	58.2	4.5
	玉村町	777	636	137	3	100.0	81.9	17.6	0.4
	東毛地域	11,270	7,450	3,649	171	100.0	66.1	32.4	1.5
	桐生市	774	288	457	29	100.0	37.2	59.0	3.7
	みどり市	608	117	451	40	100.0	19.2	74.2	6.6
	太田市	4,478	2,320	2,126	32	100.0	51.8	47.5	0.7
	館林市	2,055	1,768	278	9	100.0	86.0	13.5	0.4
	板倉町	1,891	1,688	200	4	100.0	89.3	10.6	0.2
	明和町	563	481	64	17	100.0	85.4	11.4	3.0
	千代田町	703	615	49	39	100.0	87.5	7.0	5.5
	大泉町	198	173	24	1	100.0	87.4	12.1	0.5

資料：『群馬農林水産統計年報　平成23年～24年』による。
注：ラウンドの関係から、地目ごとの合計値は合計に一致しないことがある。

中毛地域は畑が50.4％であるのに対し、東毛地域の同割合は32.4％に過ぎず、後者についてはむしろ水田地帯ということができる。

さらに市町別に畑地率をみていくならば、中毛地域では渋川市の73.2％、吉岡町の58.2％及び榛東村の56.4％等において高くなっている。後に検討するC社及びM農協が所在する前橋市の畑地率は44.1％と決して高くはないが、分母となる経営耕地面積そのものが大きいことから同市の畑地面積は2,945haと地域内の市町のなかでも最大である。また、S農協の所在地である伊勢崎市の畑地率は53.9％と比較的高い割合である。

続いて、東毛地域についてはみどり市の74.2％や桐生市の59.0％、太田市の47.5％というように同地域北部で畑地率が高く、一方の南部は水田率の高い水田地帯となっている。なかでも、本章で検討するB社が所在する板倉町では水田が89.3％を占めている。

表4-2にあるように群馬県内には32,567の農業経営体が存在しており、このうち中毛地域は10,066、東毛地域では8,385となっている。そして、これら経営体に占める野菜の単一経営経営体率は中・東毛地域の露地野菜で14.2％、施設野菜は9.1％、野菜計では22.4％となっているように、全国や群馬県計と比較しても高い割合を示している。この傾向は中毛地域において顕著に現れているが、水田割合の高かった東毛地域でも同様の傾向が確認される。

なお、群馬県の2010年における野菜算出額は904億円[4]であるように、同県は全国でも有数の野菜生産県となっている。品目的にはキャベツ、きゅうり、ほうれんそう、トマト、なす、ねぎ、レタス等を中心として、多品目にわたる生産が行われている。

群馬県中・東毛地域の経営体における米麦を含む農産物の販売先については、表4-3のとおりである。なお、同表は各販売先に対する出荷の有無についてとりまとめたものであり、出荷量や販売額の絶対的な割合を示すものではない。

中・東毛地域内の農業経営体のうち販売実績のある15,516の出荷先をみれば、農協が72.3％と高い割合を示している。しかし、卸売市場についても

第4章　群馬県中・東毛地域の消費地市場等による県外搬出

表4-2　群馬県中・東毛地域の農業経営体（2010年）

単位：実数、％

			農業経営体	販売あり	単一経営				果樹
						野菜	露地野菜	施設野菜	
経営体数	全国		1,679	1,507	1,180	128	81	47	136
	群馬県		32,567	28,156	19,773	6,852	4,660	2,192	1,433
		中・東毛地域	18,451	15,516	10,728	4,125	2,621	1,678	357
		中毛地域	10,066	8,743	5,732	2,434	1,679	755	286
		前橋市	4,936	4,303	2,746	969	717	252	120
		渋川市	1,744	1,432	1,042	315	240	75	92
		伊勢崎市	2,284	2,162	1,412	979	601	378	15
		榛東村	351	251	171	41	33	8	39
		吉岡町	371	267	200	83	71	12	18
		玉村町	380	328	161	47	17	30	2
		東毛地域	8,385	6,773	4,996	1,691	942	923	71
		桐生市	737	586	431		88	86	20
		みどり市	535	462	341	223	81	142	15
		太田市	3,977	2,745	2,118	1,032	732	300	16
		館林市	991	967	614	177	24	153	0
		板倉町	1,125	1,060	751	230	13	217	1
		明和町	460	429	344	28	4	24	18
		千代田町	428	402	287	1	0	1	0
		大泉町	132	122	110	0	0	0	1
割合	全国		100.0	89.7	70.3	7.6	4.8	2.8	0.1
	群馬県		100.0	86.5	60.7	21.0	14.3	6.7	0.0
		中・東毛地域	100.0	84.1	58.1	22.4	14.2	9.1	1.9
		中毛地域	100.0	86.9	56.9	24.2	16.7	7.5	2.8
		前橋市	100.0	87.2	55.6	19.6	14.5	5.1	0.0
		渋川市	100.0	82.1	59.7	18.1	13.8	4.3	0.1
		伊勢崎市	100.0	94.7	61.8	42.9	26.3	16.5	0.0
		榛東村	100.0	71.5	48.7	11.7	9.4	2.3	0.1
		吉岡町	100.0	72.0	53.9	22.4	19.1	3.2	0.0
		玉村町	100.0	86.3	42.4	12.4	4.5	7.9	0.0
		東毛地域	100.0	80.8	59.6	20.2	11.2	11.0	0.8
		桐生市	100.0	79.5	58.5	0.0	11.9	11.7	2.7
		みどり市	100.0	86.4	63.7	41.7	15.1	26.5	0.0
		太田市	100.0	69.0	53.3	25.9	18.4	7.5	0.0
		館林市	100.0	97.6	62.0	17.9	2.4	15.4	0.0
		板倉町	100.0	94.2	66.8	20.4	1.2	19.3	0.0
		明和町	100.0	93.3	74.8	6.1	0.9	5.2	0.0
		千代田町	100.0	93.9	67.1	0.2	0.0	0.2	0.0
		大泉町	100.0	92.4	83.3	0.0	0.0	0.0	0.8

資料：『群馬農林水産統計年報　平成23年～24年』による。
注：0は単位に満たないものである。

表 4-3 農産物の出荷先別販売経営体数 (2010 年)

単位：千×実数、実数、％

			販売経営体	集出荷団体 農協	集出荷団体 農協以外	卸売市場	小売業者	加工・外食	消費者	その他
経営体数	全国		1,507	1,108	200	156	107	24	329	75
	群馬県		28,156	19,684	3,126	3,316	2,232	276	6,205	1,181
	中・東毛地域		15,516	11,225	1,686	2,327	1,141	233	2,790	506
	中毛地域		8,743	6,200	1,128	1,428	588	131	1,656	308
		前橋市	4,303	3,224	327	722	278	36	777	121
		渋川市	1,432	784	525	143	177	23	401	121
		伊勢崎市	2,162	1,616	226	494	105	62	221	30
		榛東村	251	141	30	29	12	6	105	13
		吉岡町	267	127	20	32	13	3	103	20
		玉村町	328	308	0	8	3	1	49	3
	東毛地域		6,773	5,025	558	899	553	102	1,134	198
		桐生市	586	288	49	184	55	4	187	26
		みどり市	462	291	27	120	31	2	140	12
		太田市	2,745	2,030	247	427	188	64	394	72
		館林市	967	839	57	46	76	11	74	30
		板倉町	1,060	887	86	64	72	12	152	29
		明和町	429	311	40	33	36	9	113	8
		千代田町	402	287	37	20	81	0	52	17
		大泉町	122	92	15	5	14	0	22	4
割合	全国		100.0	73.6	13.3	10.4	7.1	1.6	21.8	4.9
	群馬県		100.0	69.9	11.1	11.8	7.9	1.0	22.0	4.2
	中・東毛地域		100.0	72.3	10.9	15.0	7.4	1.5	18.0	3.3
	中毛地域		100.0	70.9	12.9	16.3	6.7	1.5	18.9	3.5
		前橋市	100.0	74.9	7.6	16.8	6.5	0.8	18.1	2.8
		渋川市	100.0	54.7	36.7	10.0	12.4	1.6	28.0	8.4
		伊勢崎市	100.0	74.7	10.5	22.8	4.9	2.9	10.2	1.4
		榛東村	100.0	56.2	12.0	11.6	4.8	2.4	41.8	5.2
		吉岡町	100.0	47.6	7.5	12.0	4.9	1.1	38.6	7.5
		玉村町	100.0	93.9	0.0	2.4	0.9	0.3	14.9	0.9
	東毛地域		100.0	74.2	8.2	13.3	8.2	1.5	16.7	2.9
		桐生市	100.0	49.1	8.4	31.4	9.4	0.7	31.9	4.4
		みどり市	100.0	63.0	5.8	26.0	6.7	0.4	30.3	2.6
		太田市	100.0	74.0	9.0	15.6	6.8	2.3	14.4	2.6
		館林市	100.0	86.8	5.9	4.8	7.9	1.1	7.7	3.1
		板倉町	100.0	83.7	8.1	6.0	6.8	1.1	14.3	2.7
		明和町	100.0	72.5	9.3	7.7	8.4	2.1	26.3	1.9
		千代田町	100.0	71.4	9.2	5.0	20.1	0.0	12.9	4.2
		大泉町	100.0	75.4	12.3	4.1	11.5	0.0	18.0	3.3

資料：『群馬農林水産統計年報 平成23年～24年』による。
注： 1） 1経営体の販売先は複数の場合があるため、各項目の合計値は総合計に一致しない。
　　 2） 0は単位に満たないものである。

15.0％となっているように、全国の10.4％や群馬県の11.8％と比較して高い割合を示している。さらに市場出荷率を地域別に確認するならば、畑地の比較的多い中毛地域は16.3％であり、なかでも伊勢崎市では22.8％と高い傾向にある。また、水田地帯である東毛地域の市場出荷率は13.3％と中毛地域と比較して低くなっている[5]が、それでも全国や県全体と比較して高い水準である。そして、卸売市場に出荷されるものは青果物にほぼ限定されることから、中・東毛地域においては青果物の出荷先として卸売市場が利用される傾向が強いということができる。

以上みてきたように、群馬県中・東毛地域においては水田地帯を含みながらも野菜生産が盛んに展開されており、その出荷先は卸売市場の割合が高い傾向にあることが確認できた。

（2）群馬県中・東毛地域における卸売市場の設置状況

本項では、同県における卸売市場の設置状況について確認したい。群馬県内には、2013年現在において青果物を扱う13の地方卸売市場[6]があり、このうち総合市場は9市場、青果物のみを扱う市場は4市場となっている。そして、これら市場以外にも青果物を扱う1つの小規模市場があることから、合計14の青果物市場が設置されている。

卸売市場を所在地別にみた場合、中毛地域には3つの総合市場と1つの青果物市場が、また、東毛地域では総合市場と青果物市場がそれぞれ3市場ずつ設置されているように、これら2地域に14市場のうち10市場までが集中している。なお、調査対象市場を含む中・東毛地域の市場配置については図4-2のとおりである。中・東毛地域には多数の市場が存在していることに加えて農協や農産物直売所等も存在し、さらには集出荷業者による庭先集荷も広く行われていることから、青果物生産者にとって販売に関する選択肢は多岐にわたっている。

ここで、卸売市場の性格について確認するならば、県内で青果物を扱う14市場のうち主として地域内の小売業者等に供給する消費地市場は10市場であ

図4-2 調査対象地域等の所在地

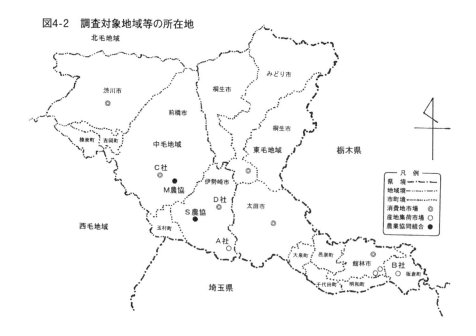

るのに対し、集出荷業者等を通じて他地域の消費地市場等に対し転送を行う産地集荷市場は4市場である。このうち産地集荷市場の所在地について確認するならば、4市場のうち1つは中毛地域である伊勢崎市にあり、他は東毛地域の板倉町に1市場、館林市に2市場[7]となっている。ちなみに、伊勢崎市の産地集荷市場は次節で検討するA社、板倉町の市場についてはB社が該当している。

このように中・東毛地域には複数の産地集荷市場が設置される一方で、群馬県内の消費地市場には卸売業者が農協連合会を通じて野菜の県外搬出を行うC社、及び県外のグループ企業との取引を通じて野菜の県外搬出を行うD社のような事例も存在しており、これらは産地集荷市場等による県外搬出とは異なる新たな展開として注目されるところである。

第4章　群馬県中・東毛地域の消費地市場等による県外搬出

第3節　群馬県中・東毛地域の産地集荷市場における青果物の集分荷

（1）産地集荷市場A社の集分荷

1）A社の概要

　本節においては、群馬県中・東毛地域の消費地市場卸売業者による県産青果物の県外搬出について検討するための前段階として、同じく中・東毛地域で活動している2つの産地集荷市場の実態について確認しておきたい。

　産地集荷市場A社は民設民営の地方卸売市場であり、その概要は表4-4のとおりである。同社の概要について確認するならば、同社は中毛地域に属する伊勢崎市境米岡にあり、前章で検討した埼玉県深谷市等のねぎ産地とは地理的に近く、利根川を挟んでその北岸に隣接するという位置関係にある。

　A社の2011年度の取扱額は約29億円[8]であり、取扱品目を2006年度における金額ベース[9]でみるならば、ほうれんそうの24.8％、ねぎの23.1％、ごぼうの18.7％の割合が高く、これら3品目で全体の66.6％を占めている。これら以外で割合の高い品目はきゅうりの6.2％、にらの5.5％、なすの5.2％、大和芋の4.9％等があげられる。このように、A社は特定の品目を中心としなが

表4-4　産地集荷市場A社の概要（2011年）

単位：百万円、％

		金額・品目	割合	備　考
所在地		伊勢崎市境米岡	−	
設立年		1957年	−	1957年に農業協同組合として設立。 1967年に任意組合化。 1968年に株式会社化。
取扱額		約2,900	100	
野菜		約2,900	100	
	群馬県産	約2,755	95	太田市、伊勢崎市の割合が高い。
	群馬県以外	約145	5	埼玉県（深谷市、本庄市、熊谷市）等。
主要取扱品目 （金額割合）	ほうれんそう		25	冬場中心。
	ねぎ		23	冬場中心。
	ごぼう		19	夏場はごぼうが取り扱いの中心。
	その他		33	きゅうり、にら、なす、大和芋等。

資料：ヒアリング（2012年）より作成。
注：1）割合は概数である。
　　2）−は非該当である。

らも多品目の野菜を取り扱っている。なお、A社の取扱品目は季節による変動が大きく、冬場はほうれんそうとねぎの割合が高いが、夏場にはごぼうが中心品目となっている。また、同社は調査時現在において果実の取り扱いはない。取扱品目に関して地元農協と対比した場合、A社と後述のS農協とは品目によってシェアが大きく異なっている。具体的には、A社の中心品目であるほうれんそう、ねぎ、ごぼうについては、農協と比較して同社のシェアが高くなっている。

　A社の歴史的な経緯について確認するならば、A社所在地周辺は戦前までは養蚕地帯であったが、戦後になると養蚕業が斜陽化するとともに、食料増産の機運もあって野菜を中心とする園芸産地化が進展した。このため、地域に青果物の集出荷のための施設が必要となっただけでなく当時の境町役場[10]の意向もあって、1957年に約980人の生産者を組合員とする農業協同組合としてA社の前身市場が設立されている。このような経緯から、A社は生産者によって、自身の生産物の販売先として設立された市場であるということができる。同時に、設立にあたっては市場で青果物を調達する集出荷業者も協力している。なおA社によれば、設立当時は周辺で多数の集出荷業者が庭先集荷を行うだけでなく、他にも複数の産地集荷市場が存在していたとしていることから、同社はこのような市場のなかの1つが今日まで営業を継続してきたもの[11]ということができる。

　その後、1967年には市場の運営主体である農業協同組合が解散するとともに、新たに任意組合として再発足している。また、このときには集出荷業者も出資者として協力をしている。さらにその翌年には、A社の組織体制が出荷者や集出荷業者を出資者とする株式会社として改められ、今日に至っている。

　２）青果物の集荷について

　続いて表4-5を基に、A社における青果物の集荷についてみるならば以下のとおりである。A社は全量を委託によって集荷しているが、このうち約

第4章　群馬県中・東毛地域の消費地市場等による県外搬出

表4-5　産地集荷市場A社の集分荷等（2011年）

単位：％

		方法・業態等	割合	備考
集荷	集荷方法	委託	100	
	出荷者構成	出荷組合	92	出荷者数は登録約850名、常時約300名。約95％が県産品。実質的には個人出荷。
		農業法人	8	法人は県内の4～5法人。
取引	取引時間	12:00	−	
	取引方法	せり	99	
		先渡し	1	
	手数料率	−	8.5	出荷奨励金　1％、完納奨励金　3％。
分荷	販売先	産地出荷業者	99	業者数は登録45名、常時25名。
		一般小売店	1	
	最終分荷先	他市場	89	夏場は西日本、冬場は東北及び北海道。
		地元量販店	10	産地出荷業者が販売する量販店は3社。
		地元一般小売店	1	

資料：ヒアリング（2012年）より作成。
注：1）割合は概数である。
　　2）−は非該当である。

　92％が出荷組合によって占められており、それ以外では農業法人が約8％となっている。このように個人出荷者は存在していないが、その理由はA社が個人出荷者を1つの出荷組合の組合員として位置付けていることによる。しかし、出荷者は自身で選別・調整したものを市場まで搬入しており、セリや代金精算についても個別に行われていることから、これらは実質的に個人出荷とみなすべきものである。ちなみに、出荷者の属性に関わらず市場への搬入は出荷者自身によって行われており、A社による庭先集荷は依頼があった場合に限られている。

　出荷者数は登録で約850人、常時出荷者で約300人である。A社の登録出荷者のうち同社のみに出荷しているものは500人程度となっており、残りの約350人については品目毎に農協や深谷市等の産地集荷市場を使い分けたり、なかには同一品目であっても他市場等の相場をみながら複数の出荷先を使い分けるものも存在している。このことから、A社は深谷市等の産地集荷市場と地理的に近いにも関わらず、深谷市等の市場とは異なって市場と出荷者との関係が多分に流動的なものとなっている。

出荷者の所在地は、市場所在地である伊勢崎市内や隣接する太田市内の割合が高くなっていることから、集荷品の約95％は群馬県産によって占められている。しかし、残りの5％程度は埼玉県の深谷市、本庄市、熊谷市等からの集荷であり、近年はさらに遠隔地からの集荷も増えつつある。なお、A社の集荷地域となる埼玉県内の3市については、前章で検討した深谷ねぎの集荷地域と共通している。
　一方、農業法人からの集荷については、伊勢崎市内等の4～5法人が対象となっている。これら農業法人は総じて規模が大きく、1法人当たり4,000～6,000万円/年の販売を行っているが、A社にのみ出荷するのではなく複数の出荷先を組み合わせた販売対応をとっている。
　集荷品の荷姿は、原則としてA社が品目毎に指定した出荷容器に入れられたものとなっているが、実際には指定外の容器であっても受け入れている。また、選別・調整は地域における慣行的な基準によって行われており、出荷者毎の差異も大きい。このため、農協共販と比較してA社の選別・調整に関する許容範囲は広く、たとえ農協に出荷できないような選別レベルであったり、ロットが小さかったとしても受け入れが可能となっている。

　3）青果物の取引方法について
　A社に搬入された青果物は、ほぼ全量が正午から開始されるセリによって取引されている。その場合の方法は、各品目について出荷者毎に同一等階級品のなかから1ケースをサンプルとして卸売場に配置し、同サンプルとそこに記入された総ケース数に基づいてセリが行われている[12]。
　このようにA社の取引は現物セリを基本としているが、1％に満たない割合ではあるが先渡しも行われている。同社の先渡しは約30年前から行われており、その理由は集出荷業者が北海道や九州、沖縄等の遠隔地に転送し、なおかつ転送先への引き渡し時間が指定されている場合にはセリ時間を待たずに搬出する必要があることによる。
　A社の手数料率は8.5％と定められているが、実際にはそこから出荷者に出

第4章　群馬県中・東毛地域の消費地市場等による県外搬出

荷奨励金、一方の集出荷業者には完納奨励金が支払われている。このうち、出荷奨励金は一律に１％が歩戻しされており、完納奨励金については取引後１週間以内に代金が完納された場合に３％が戻されることから、A社の実質的な手数料率は4.5％となっている。

　取引で形成される価格に関して付言するならば、A社の相場は周辺の消費地市場や農協の価格と比較して総体的に高いとされている。例えば、A社と同じ伊勢崎市内にある後述の消費地市場D社からは、A社で形成される相場水準が時期によってはD社の倍程度の価格となっている点が指摘されている。同じく伊勢崎市内のS農協も、農協の価格水準はA社や深谷等の産地集荷市場には及ばないとしている。特に、A社で形成されるほうれんそうやにら、ねぎ等の相場は、需給の状況次第ではS農協価格の２倍程度となる点が指摘されている。

　そして、A社で高価格が形成される理由について確認するならば以下のとおりである。S農協によれば、産地集荷市場で青果物を購入する集出荷業者の多くは集荷力の弱い地方都市等の消費地市場に転送しているが、このような市場が集出荷業者に調達を依頼する場合、当該市場において販売先である量販店等から要求された品目や数量を確保できないケースが多い。このため、消費地市場はたとえ高単価であったとしても必要数量を確保するため購入せざるを得ないことが、産地集荷市場において高い相場が形成される要因であるとしている。

４）青果物の分荷について

　A社は集荷した青果物を25社の集出荷業者[13]と地元の小売業者に販売しているが、後者については１％程度に過ぎない。このうち、集出荷業者の所在地はA社の周辺地域または埼玉県深谷市等となっている。そして、これら集出荷業者の多くはA社だけでなく、深谷市等の産地集荷市場も調達先として併用している[14]。このことから明らかなように、A社と深谷市等の産地集荷市場とは利根川によって南北に分断されているものの、集出荷業者にとっ

て同じ集荷圏域に属しているということができる。また、一部の集出荷業者については後述する消費地市場C社及びD社、さらには高崎市総合地方卸売市場等も調達先として利用している。

　A社の販売先となる集出荷業者は、基本的に転送先市場等からの事前注文に基づいて青果物を調達しており、このためA社から購入した青果物の9割近くは全国の消費地市場等に再分荷されている。転送先市場の所在地域は、夏期は総じて西日本となっているが、冬期になれば東北地方や北海道等の割合が高くなっている。なお、集出荷業者は青果物を購入後、速やかに消費地市場等に対し搬出していると考えられるが、ごぼう等の土物類については保存性が高いという品目特性もあって集出荷業者の段階で一時保管され、消費地市場の相場や卸売業者等からの受注を踏まえながら、長期間にわたる販売が行われている可能性[15]が想定される。

　このように集出荷業者は消費地市場への転送を販売の中心としながらも、近年は量販店等への納品を行う集出荷業者が増えつつある。例えば、A社の販売品についても1割程度は3社の集出荷業者によって、それぞれ1社の量販店に対する納品が行われている。また、量販店に納品する集出荷業者はいずれも加工やパッキング等に対応している。このことから、一部の集出荷業者は従来からの機能[16]に加えて新たに加工機能を獲得・充実させるというように、その機能の拡大が確認できる。さらにA社で調達を行う産地出荷業者のうち最大規模のものについては、大和芋等を対象に高齢生産者の収穫作業を代行するなどその機能はより拡大化しつつある。

　以上、群馬県中毛地域のA社について検討してきたが、同社は基本的に従来型の産地集荷市場として集出荷業者に青果物を販売するとともに、これら業者を通じて全国の消費地市場や量販店等を対象とする再分荷が行われていた。そして、集出荷業者が需給の逼迫した地方市場等を対象とする選択的な転送を行うことによって、A社においては総体的に高い水準の相場が形成されていた。そして、このような高相場によって生産者からの出荷が誘導され、現在まで経営の継続が可能になったと考えられる。

第4章　群馬県中・東毛地域の消費地市場等による県外搬出

　また、A社の特徴をもう一点あげるならば、集出荷業者に関して埼玉県深谷市等の産地集荷市場との共通性が高い点が指摘できる。このことは、伊勢崎市を中心とする中毛地域と利根川を挟んだ南岸に位置する深谷市等とは、集出荷業者における青果物の調達行動に関して共通の圏域が形成されていることを意味している。

(2) 産地集荷市場B社の集分荷

1）B社の概要

　本項においては群馬県中・東毛地域の産地集荷市場B社を事例として、その集分荷の実態について検討したい。B社の概要については**表4-6**のとおりである。

　B社は、東毛地域にあたる邑楽郡板倉町岩田に所在する民設民営の地方卸売市場である。同社の2010年における取扱額は約3億円[17]であり、そのうち約9割がきゅうりによって占められているように、特定の品目に特化した市場となっている。きゅうり以外では、はくさい、キャベツ、なす、レタス等があり、いずれも少量ながら多品目の野菜が取り扱われている。

　B社の歴史的な経緯について確認すると、同社が所在する板倉町周辺は元来水田地帯であったが、1950年代後半から露地栽培のきゅうりとなすの生産

表4-6　産地集荷市場B社の概要（2011年）

単位：百万円、%

	金額・品目等	割合	備考
所在地	板倉町岩田	-	
設立年	1962年		1962年に生産者が自分の農地を転用して設立。現在の代表は集出荷業者b社の経営者を兼ねる。
取扱額	約300	-	最盛期（1970年頃）には年間約20億円を取り扱う。
野菜割合	約300	100	
群馬県産	約270	90	きゅうりが中心。板倉町の割合が高い。
群馬県以外	約30	10	茨城県（八千代市、古河市）等。
主要取扱品目	きゅうり	90	県産の春きゅうり及び秋きゅうり。
（金額割合）	その他	10	茨城県のはくさい、キャベツ、なす、レタス等。

資料：ヒアリング（2012年）より作成。
注：1）割合は概数である。
　　2）－は非該当である。

が開始され、それ以降、園芸産地として成長している。そして、生産開始当時は農協等による共販が行われておらず、このため地域内に十数人の集出荷業者が自然発生的に誕生し、これら業者が生産者から直接買い付けることによって消費地等へと搬出されていた。しかし、このような方法では生産者の価格に関する不信感を払拭できなかったことから、生産者の一人が自身の農地を転用することによって用地を確保し、1962年7月にB社が設立されている。なお、このとき農地を提供した生産者はB社の代表になるとともに、庭先集荷を行っていた集出荷業者は市場設立を機に売買参加者として青果物の調達を行うように変化している。

その後、B社は経年的に取扱額を伸ばし、最盛期である1970年頃には20億円近い取扱規模となっていた。しかし、1970年代になると地元農協が共販を開始したことが原因となって取扱額は減少傾向で推移し、現在では約3億円にまで縮小[18]している。そして、B社からは取扱額が減少した要因として、出荷者に農協共販に対する産地集荷市場としての優位性を示せなかった点が指摘されている。

調査時現在、B社の代表は3代目となっているが、同代表は集出荷業者b社の経営者も兼ねている。そして、B社にはb社以外に恒常的な仕入れを行う売買参加者が存在しないことから、実質的にB社は市場卸売業者と集出荷業者を兼ねた存在となっている。

2）青果物の集荷について

B社の集分荷等については表4-7のとおりである。なお、同社の集荷方法は、市場周辺の出荷者による市場への直接搬入と、茨城県内の出荷者を対象とするB社の巡回集荷とに大別することができる。

このうち出荷者による市場搬入については、その大部分がきゅうりによって占められている。同品目の場合、1月中旬から6月までが春きゅうり、9月中旬から11月中旬までについては秋きゅうりとして扱われ、時期的に2つのピークを形成しながら長期間にわたる集荷が行われている。きゅうりの出

第4章 群馬県中・東毛地域の消費地市場等による県外搬出

表4-7 産地集荷市場B社の集分荷等（2011年）

単位：%

		方法・業態等	割合	備　　考
集荷	集荷方法	委託	100	茨城県からの集荷は実質的に買い付け。 茨城県産品は巡回集荷。
	出荷者構成	個人	100	板倉町約40名、茨城県約30名。
取引	取引時間	−	−	以前は17:30に実施。
	取引方法	相対	100	2010年の途中に購入者が1社となり、セリを廃止。
	手数料率	−	7.0〜8.0	実質的にはB社とb社の合計マージン率。
分荷	販売先	産地出荷業者	100	集出荷業者は3社だが、このうちb社が約95％。 他の2社とは非恒常的な取引。 B社代表と産地出荷業者b社は実質的に同一。
	最終分荷先 （b社販売先）	他市場	100	地方の卸売市場15〜16社。 北海道内地方卸売市場60％、京浜・東海・関西の拠点市場40％。

資料：ヒアリング（2012年）より作成。
注：1）割合は概数である。
　　2）−は非該当である。

荷者は、板倉町を中心とする個人出荷者約40人であり、その殆どがB社設立当時から継続して出荷を行ってきた生産者である。なお、この場合の集荷方法は委託となっている。また、後述の巡回集荷も含めてB社に入荷する青果物は地域の慣行的な基準によって選別・調整され、既製品であるダンボール容器に入れられた荷姿のものが取り扱われている。

一方、巡回集荷についてはB社が生産者を巡回し、庭先で集荷する方法である。この場合、茨城県西地域の八千代市と一部古河市の生産者約30人が対象となっているが、これらは板倉町内の出荷者と比較して経営規模の大きな生産者が多い。巡回集荷の対象となる品目はきゅうり以外が該当しており、具体的にははくさい、キャベツ、長なす、レタス等となっている。なお、巡回集荷についても帳合上は委託集荷となっているが、集荷前の段階から出荷者に価格を提示していることから実質的には買付と異ならない方法である。

このような巡回集荷は1980年頃から行われているが、その背景には農協共販開始に伴うB社の取扱量減少が存在している。その結果、B社は経営を維持するため新たな出荷者を確保していくことが課題となり、同社の担当者が茨城県内の生産者に出荷を要請することによって巡回集荷が開始されている。

茨城県内の出荷者がB社に出荷する理由については巡回集荷によるところが大きい。具体的には、巡回集荷で出荷する生産者は価格が同水準であるならば、地元の産地集荷市場や農協に出荷するよりも、自身の庭先まで取りに来てくれるB社に出荷した方が望ましいと判断していることによる。

　3）青果物の取引方法について
　B社の取引の特徴は、実質的に買取と異ならない巡回集荷品だけでなく、市場周辺の出荷者からの委託集荷品についてもセリが行われない点があげられる。ただし、B社においてもかつては多数の集出荷業者がセリに参加することによって取引が行われていた。しかし、集荷量の減少に伴って同社に青果物を調達に訪れる集出荷業者も減少し、2010年の途中以降は恒常的な購入者がB社代表の経営するｂ社のみとなったことからセリ自体が成立しなくなり、現在に至っている。
　このようにB社ではセリが行われていないことから、委託集荷品の取引価格についても同社が他の産地集荷市場や農協等の価格を参考にしながら設定している。一方、巡回集荷品については事前に出荷者と取り決めた価格によってB社が買い取っている。このように、B社の委託集荷品は実質的に買取と異ならないことから、出荷者には販売代金からB社の手数料とｂ社のマージンを合わせた7～8％を差し引いた金額が支払われている。また、後述のようにB社はｂ社以外に2社の集出荷業者にも販売しているが、この場合も相対によって価格が決められている。

　4）青果物の分荷について
　現在、B社の販売先はｂ社を含む3社の集出荷業者となっているが、このうちｂ社が約95％を占めている。ｂ社以外の2社については、他の産地集荷市場等できゅうりが不足している時期に限ってB社で調達を行っている。このようにB社は集荷品の大部分をｂ社に販売しているが、ｂ社は実質的にB社と同一のものであることから、B社は産地集荷市場というよりも集荷施設

を所有した１つの集出荷業者というべき性格のものということができる。
　ｂ社は地方都市の消費地市場等に再分荷しており、対象となる市場数では15〜16社となっている。これら市場の所在地は、北海道が全取扱額の約60％を占めており、具体的には室蘭市、苫小牧市、札幌市、旭川市、帯広市等の消費地市場である。一方、京浜地方や東海地方、さらには関西の拠点市場等に対しても約40％を転送している。
　B社から転送先市場までの輸送方法については、市場周辺から集荷される委託品の場合は同社の卸売場から運送業者によって転送先まで搬送されている。一方、B社が茨城県内の生産者から巡回集荷した青果物のうち、はくさいやキャベツのように集荷量の多いものは、産地から運送業者によって直接的に消費地市場まで輸送されている。しかし、少量となる品目については一度B社の卸売場に搬入した後に、きゅうり等の地元産品と混載のうえで搬出されている。
　以上、本項においては群馬県東毛地域の産地集荷市場B社における青果物の集分荷について確認してきた。その結果をまとめると以下のとおりとなる。①B社は市場周辺地域が園芸産地化するなかで公正な価格形成を求める生産者によって設立され、集出荷業者からも青果物の調達先として利用されるようになった。しかし、②地元農協が共販を開始・拡大していくなかにおいて、それに伴う形でB社の取扱額は減少することになった。そして、③入荷量の減少に起因してB社を調達先として利用する集出荷業者も減少し、現在ではB社と同一会社とみなされるｂ社のみが恒常的な購入者となるに至っている。このことからB社は産地集荷市場ではなく、実質的には１つの集出荷業者ともいうべき性格のものとなっている。

第４節　消費地市場C社による農協連合会を通じた県外搬出

（１）C社の概要

　本節においては、群馬県中・東毛地域の消費地市場C社を事例として、同

表 4-8　消費地市場 C 社の概要（2011 年）

単位：百万円、％

		金額・対象等	割合	備　　　考
所在地		前橋市東片貝町	–	
設立年		1970 年	–	1970 年に産地市場を含む複数市場を合併して設立。
取扱額		12,482	100	
野菜		8,819	71	
	群馬県産	約 7,000	56	野菜に占める群馬県産の割合は約 80％。 県産野菜は通年集荷。
	群馬県以外	約 1,800	15	野菜に占める群馬県以外の割合は約 20％。
果実		3,663	29	県産果実は 3～5 億円。

資料：『群馬農林水産統計年報　平成 23 年～24 年』、ヒアリング（2012 年）より作成。
注：1）割合は概数である。
　　2）－は非該当である。

社が行う農協連合会を通じた群馬県産青果物の県外搬出について検討を行いたい。また、C社と地元農協との関係について明らかにするため、同社所在市を管内に持つとともに集分荷に関してC社と関係の深いM農協についても併せて検討する。

　まず、**表4-8**に基づいてC社の概要について確認すると、同社は群馬県の県庁所在地である前橋市内にある消費地市場であり、東片貝町に所在している。また、地域区分では中毛地域にあたる。C社が入場している市場は水産物も取り扱う民設の総合地方卸売市場であり、県内では拠点的な位置付けの市場ということができる。

　C社は、1970年10月に産地集荷市場を含む複数の市場が合併することで設立されているが、このような経緯もあって設立当時から入荷した県産青果物の3分の1程度は集出荷業者によって県外へと搬出されていた。このようにC社は消費地市場ではあるが、設立時から産地集荷市場的な性格を併せ持った市場である。そして、後述のようにC社は現在でも集出荷業者による県外搬出が盛んに行われていることから、設立時以来の性格が現在に至るまで継承されている。

　C社の年間取扱額は2011年において124億8,195万円であり、このうち野菜は88億1,869万円、割合では71％を占めている。また、C社は野菜の通年出荷が可能となる平坦部に所在することもあって約70億円が群馬県産であり、野

第4章　群馬県中・東毛地域の消費地市場等による県外搬出

菜取扱額に占める割合では約80％を占めている。なお、C社に集荷された県産野菜の4割程度は、集出荷業者または農協連合会等を経由して県外の消費地市場等に搬出されている。

一方、C社の果実については、36億6,326万円の取り扱いのうち県産品は3～5億円程度でしかなく、県外搬出は基本的に行われていない。また、C社に入荷する果実の相当割合は東京都内拠点市場等からの転送によって調達されていることに加えて、販売についても殆どを地域の小売業者に供給していることから、果実に関して産地集荷市場的な性格はない。このため、以下においては野菜に限定して検討していくことにしたい。

(2) C社における群馬県産野菜の集荷概要

以下においては表4-9に基づきながら、C社における県産野菜の集荷方法について確認したい。C社が取り扱う県産野菜の出荷者とその構成比については、農協が50％弱、出荷組合が30％強、個人が20％強となっている。出荷者の属性毎に集荷実態を確認すると、概要は以下のとおりとなる。

農協についてはM農協を中心とする県内農協から集荷されている。M農協へのヒアリング結果によれば、2011年における同農協からC社への出荷額は6億5,594万円となっていることから、C社が県内農協から集荷した野菜の3

表4-9　消費地市場C社の群馬県産野菜の集荷概要（金額・2011年）

単位：％

	業態・方法	割合	備　　考
出荷者	農協	47	M農協を中心とする県内農協。 実質的な個人出荷を含む。
	出荷組合	32	組合数は約130組合、常時出荷者数は約1,000名。 出荷者は中毛地域を中心とする県内全域。
	個人	21	常時出荷者数は約300名。 出荷者は中毛地域を中心とする県内全域。
集荷方法	委託	30～40	個人出荷品(農協名義を含む)は基本的に委託。
	指値委託	60～70	農協出荷品及び出荷組合出荷品が対象。 「希望価格」が存在するため、最終的に買い付けとなる。

資料：『群馬農林水産統計年報　平成23年～24年』、ヒアリング（2012年）より作成。
注：割合は概数である。

分の１はＭ農協によって占められている。一般に農協からの集荷品は共販となることから、選別・調整も各農協によって定められた基準に基づいて行われている。しかし、本節の第５項でみるようにＭ農協集荷品の約７割は実質的に個人出荷というべきものであり、出荷者ごとの基準によって選別・調製が行われている。Ｍ農協を含む県内農協からの集荷方法は商流上委託となっているものの、Ｃ社の相場が農協の提示する希望価格を下回った場合には同社が希望価格で買い取るという「指値委託[19]」であることから、最終的に買付となる場合が多い。このため、Ｃ社が県内農協から集荷する野菜の60～70％は最終的に買付として処理されている。

　一方、出荷組合については支部も合わせて合計約130組合、恒常的な出荷者数でみれば約1,000人から集荷を受けている。これら出荷組合の出荷者は前橋市を中心とする中毛地域の割合が高くなっているものの、県内全体に広く所在している。なお、Ｃ社に出荷する出荷組合は連合会を組織しているが、同連合会の事務所は市場内に設置されていることに加えて、Ｃ社から出荷組合の出荷者に対し出荷容器購入費として補助金[20]が支払われるなど、Ｃ社と出荷組合との間には強い結合関係が存在している。

　出荷組合の出荷品は基本的に県が定めた標準規格によって選別・調整されており、また、同規格は農協の選別基準とも相等しいものとなっている。このため、出荷組合の出荷品は農協のものと比べて選別や調製レベルに遜色がなく、このことが後述するように、出荷組合出荷品についても農協連合会を通じた県外搬出の対象に含まれる一因となっている。また、集荷方法についても全量が委託となってはいるが、農協出荷品と同じく実際には希望価格が提示された指値委託であることから、最終的には60～70％がＣ社によって買い付けられている。

　最後の個人出荷については、前橋市内を中心とする約300人の常時出荷者から、全量を委託によって集荷している。個人出荷品の選別基準は出荷者による差異が大きく、なかには一定の基準による選別が行えないレベルの出荷者も含まれていることから、出荷品の評価は出荷者毎に大きく異なっている。

(3) C社における群馬県産野菜の取引方法と分荷概要

1) 群馬県産野菜の取引方法

C社における群馬県産野菜の出荷者は、農協、出荷団体、個人の3つに大別され、集荷方法では農協と出荷組合が指値委託、個人については委託となっていることはすでにみたとおりである。そして、市場における取引方法についても集荷方法によってセリと相対の2つに大別されている。なお、C社の取引方法と分荷概要は表4-10のとおりである。

C社の取引時間は原則朝7時からであるが、指値委託によって集荷したものについては本来の取引日の前日に、相対によって売買参加者へと販売されている。そして、集荷方法が委託となるためには相対によって取り決められる価格が希望価格を上回る必要があるが、実際に希望価格を上回るケースは少なく、指値委託品の大部分は出荷者が提示した希望価格によってC社が買い付ける結果となっている。

なお、農協及び出荷組合から集荷された県産野菜の価格は希望価格によって下支えされていることもあって、都内拠点市場等における同一品目の同一

表4-10 消費地市場C社の群馬県産野菜の取引方法と分荷先（金額・2011年）

単位：%

	方法・業態等		割合	備考
取引	取引時間		7:00	−
	取引方法	セリ	31	個人出荷品(農協名義を含む)が該当。
		相対	69	系統出荷品及び出荷組合出荷品が該当。
	手数料率	−	8.5	出荷組合には補助金を支払う。
分荷先	仲卸業者		32	仲卸業者は場内10社。
	量販店・一般小売店		27	量販店は地元業者。
	集出荷業者・他市場		35	産地出荷業者等は約7社。 他市場は埼玉市場、浦和市場、深谷市場等A社等。 集出荷業者の転送先は北海道から中四国にかけての消費地市場。
	農協連合会		6	個人出荷品は対象外。 農協連合会には、c社経由で販売。

資料：『群馬農林水産統計年報 平成23年〜24年』、ヒアリング（2012年）より作成。
注：1) 割合は概数である。
　　2) −は非該当である。

等階級品とほぼ同じか、いくらか低い価格帯によって取引されている可能性が高い[21]。このことからC社における県産野菜の取引価格は、先にみた産地集荷市場A社のようにセリを通じて高い相場が形成されるというものではない。一方、個人出荷者からの委託集荷品や農協名義であっても実質的に個人出荷となるものは、セリによって取引されている。この場合、選別・調製レベル等の問題もあって、価格的には農協や出荷組合出荷品と比較して総体的に低くなる傾向がある。

2）群馬県産野菜の分荷概要

C社に集荷された群馬県産野菜の分荷先について確認する前に、同社における野菜全体の販売先についてみると、市場内の仲卸業者が30％強、地域の量販店・一般小売店が30％弱、集出荷業者と他市場[22]が合わせて35％程度、そして農協連合会が約6％という構成となっている。なお、他市場には第3章で検討した主としてねぎを取り扱う深谷市等A社[23]も含まれている。

このうち、最終的に県外搬出を行う販売先としては後述のc社を含む集出荷業者7社と仲卸業者の一部[24]、及び農協連合会が該当している。そして、これら県外搬出を行う集出荷業者等は出荷者の属性にかかわらず県産野菜を調達しているが、本章で検討する農協連合会については個人出荷品（農協名義を含む）を扱うことはない。なお、農協連合会による県外搬出については次項において検討する。

ここで集出荷業者や仲卸業者による県外搬出についてみるならば、その数量や販売先の業態及び最終分荷地域に関する詳細は明らかではない。しかしC社によれば、県外搬出の大部分は消費地市場等に転送されるとしている。搬出先の地域については、冬期は冬野菜の生産が難しい東北地方や北海道の消費地市場が中心となっているが、夏期には首都圏を含む全国へと転送され、最遠では中四国までが対象となっている。

以上みてきたように、C社は基本的に消費地市場というべき性格のものであるが、市場設立以前からの経緯もあって、現在においても集出荷業者を通

じた県産野菜の県外搬出が行われており、産地集荷市場的な性格を残した市場ということができる。

(4) C社における農協連合会を通じた群馬県産野菜の県外搬出

1) 県外搬出の概要

C社においては、すでにみた集出荷業者による野菜の県外搬出に加えて、2002年4月からは同社が農協連合会の県段階の組織と協力することによる県外搬出も行われている。このような取り組みは、集出荷業者による転送とは異なった目的と機能を持っていると考えられることから、以下において検討を行う。

C社が行う県外搬出の概要についてとりまとめたものが表4-11である。同取引の流れについて確認するならば以下のとおりとなる。最初に、C社は県内農協や出荷組合から集荷した県産野菜をC社の子会社であるc社に販売し、さらにc社は農協連合会の群馬県段階の組織に転売している。その後、同連合会は青果物を県外の消費地市場等に再販売することによって、県産野菜の県外搬出が行われている。なお、同方法による県外搬出額は調査時において約5億円である。

表4-11 消費地市場C社による農協連合会を通じた県外搬出（2011年）

単位：百万円

		方法・業態等	備考
概要	取扱額	約500	
	対象品目	野菜全般	夏期の果菜類等の割合が高い。
集荷	集荷方法	買付	
	出荷者	農協及び出荷組合	出荷者には納品3日前に出荷を要請。2004までは農協出荷品のみ。
取引方法		相対	価格は転送先市場からの受注時に決定。
分荷	直接販売先	農協連合会	商流上はc社を経由。
	最終分荷先	卸売業者等（20～30社）	関西、中四国、九州等の卸売市場。

資料：ヒアリング（2012年）より作成。

2）県外搬出開始の目的と経緯

　C社がこのような取り組みを開始した経緯は人的な要因が大きい。具体的にいうならば、農協連合会の職員が卸売市場との人事交流の一環としてC社の役員に就任したことが、取引開始の直接的な契機となっている。しかし、県外搬出が行われた背景には、以下にあげるような群馬県における青果物流通の環境変化が存在している。

　第1に、群馬県内では近年、大手量販店によるショッピングモールを併設した大規模店舗の出店によって小売構造が変容しつつあり、加えてこのような店舗は県内市場を青果物の調達先として利用することが少ないという問題がある。このことは、県内の消費地市場にとっては自身の販売先が減少するだけでなく、県外からの青果物流入量が増大するという二重の課題を抱えることに繋がっている。このため県内市場が長期的に取扱額を維持していくには、新たな販売先を県外に求めざるを得なかったという状況が存在していた。

　第2に、県内農協の広域合併等にともなう出荷先市場の集約化によって、西日本等の遠隔地にある比較的規模の小さな卸売市場への出荷が停止されてきた[25]ことが、C社による取り組み開始の一因となっている。言い換えれば、地方都市の市場等においては県内農協の出荷停止によって群馬県産野菜を農協から直接的に集荷できなくなっても、同県産野菜に対する潜在的な需要が継続していたことが、C社による転送が成立し得た背景にある。

　そしてこのような状況を背景に、2001年に農協連合会の職員がC社の役員に就任したことが契機となって、卸売業者による県外搬出の取り組みが開始されている。ここで、同氏の移籍が取り組み開始の契機となり得た理由について確認したい。まず、同氏は農協連合会において長年にわたり青果物の販売を担当しており、地方都市の卸売市場も含めて消費地市場の集荷担当者に知己が多かった点があげられる。同時に、農協連合会職員であったことから系統組織内にも知己が多いことに加えて、協力を得やすかった点があげられる。このため、同氏着任から1年後の2002年4月には、C社による農協連合会を通じた県産野菜の県外搬出が開始されている。ちなみに、開始初年度に

おける取扱額は約3億円であった。

　なお、西日本市場への搬出は、後述のように商流上は農協連合会が販売したという形式をとっていることから、開始から3年間は農協出荷品のみが取引の対象となっていた。しかし、取引関係者から出荷組合の出荷品も品質や選別・調製の水準、生産管理を含む安全面等に遜色がないことへの理解が得られたこともあって、2005年以降は出荷組合も取り扱いの対象となっている。

　3）県外搬出の実態
　C社による県外搬出の取引過程について時系列的にみるならば、概略は以下のとおりとなる。まず、同取引においては転送先市場への納品3日前の段階で、西日本の地方市場等が農協連合会の大阪事務所に発注する[26]ことから開始されている。そして、地方市場等からは必要とする品目や規格、数量だけでなく、希望する農協名や価格についても提示されている。なお、この場合の価格は、県内農協が都内の拠点市場に出荷した場合の相場と大きく異ならない水準のものとなっている。

　農協連合会の大阪事務所は、このような市場等からの受注をとりまとめたうえでC社に発注し、さらにC社は受注の当日中に県内農協や出荷組合に対して提示された条件による出荷を要請している。

　県内農協等はC社の要請を受けて、転送先への納品前日に同社への出荷が行われている。この場合、C社は転送先市場の取引時間に合わせるため15時には市場から搬出する必要があることから、県内農協等もそれに対応したタイミングでC社に荷を搬入している。なお同取引に係る集荷は、委託ではなく買付によって処理されている。

　この後、C社に集荷された県産野菜は卸売場で運送業者のトラックに積み替えられたうえで、転送先となる西日本各地の市場等に向けて直接輸送されている。しかし、商流上はC社が子会社であるc社に販売した後、さらに農協連合会へと転売されていることから、転送先への名義上の販売者は農協連合会となっている。

ここで、同取引の商流においてc社と農協連合会を経由させる理由について確認すると、以下のとおりとなる。まず、流通過程にc社を介在させる理由については、以下の3点があげられる。

　第1に、このような取り組みを開始した2001年当時は2004年の卸売市場法改正によって取引規制が緩和される以前であり、卸売業者が第三者販売を行う際の手続きが煩雑であった点があげられる。このため、C社は第三者販売ではなく売参権をもつc社に販売するという体裁をとっていたものが、法改正後である現在に至っても取引慣行として継承されたことによる。

　第2に、C社は農協連合会を経由させるものとは別に自社で個人出荷品等の県外搬出を行うことがあり、この場合、C社は第三者販売ではなくセリを通じてc社に販売したものを県外に仕向けていることから、県外搬出の帳合いを一元化するためには農協連合会への販売分についてもc社を経由させる必要がある。

　第3に、卸売業者であるC社にはトラックへの積載を行う要員体制がなく、このため作業員を確保しているc社を利用する必要性があることも、商流を通す理由の1つになっている。

　次に、同取引において農協連合会を経由させる理由としては、転送先からの注文を受けたのが農協連合会であることに加えて、系統組織を経由させることによって出荷者の販売代金を保全し、販売先市場の経営が不測に破綻したとしても代金が未回収となることを回避するという意味合いがある。

　調査時現在においてC社から青果物の転送を受けている市場等は、関西から中四国及び九州等の消費地市場を中心とする20～30社[27]となっている。また、県外搬出が行われる時期については、西日本における野菜生産が少ないことに加えて、消費地市場への入荷量も減少する夏期において数量的に多くなっている。品目に関しては特定の品目に特化することなく、多品目の野菜が取り扱われる傾向にある。

第4章　群馬県中・東毛地域の消費地市場等による県外搬出

4）県外搬出の意義と課題

　以上、C社による農協連合会を通じた群馬県産野菜の県外搬出についてみてきた。その結果、同社が行う県外搬出は前節でみた産地集荷市場A社で行われている転送と異なって、群馬県内の農協から直接集荷するだけの集荷力はないが、恒常的に同県産野菜を求める地方都市の市場等に対し、都内市場と大きく異ならない価格によって供給を行うものとなっていた。

　ここで、C社や転送先市場等がこのような取引を行うことの意義について確認すると、おおよそ以下のとおりとなる。C社における県外搬出の意義は、先にも触れたが県内の流通環境が変化するなかにおいて、市場が取扱額を維持していくため販売先を県外へと求めていかざるを得なかったという点が大きい。また、農協連合会を利用するという意味では、同連合会が受注の窓口となることで事務処理を省力化できるうえに、同連合会に商流を経由させることで販売代金が保全されることから、再分荷先である消費地市場等の経営破綻によって生じる代金回収上のリスクを回避することが可能となっている。また、C社の収益性についてみれば、同取引における平均利益率は輸送費を除いても6.1％が確保されている。C社によれば、同割合は委託手数料率である8.5％には及ばないものの、決して低い利益率ではないとのことである。このことから、C社にとっても同取引を行うことには経営上の意義が存在している。

　一方、商流のみが経由するようにみえる農協連合会にとっても、ｃ社から購入した野菜を消費地市場等に転売することで手数料収入の確保につながっている。また、野菜を出荷する県内農協にとっては、同取引によって直接的には出荷できない西日本市場への販売が可能となっている。それに加えて、同取引を行う場合は集荷場からC社までの輸送を各農協が個別に行う必要があるものの、それ以降はC社でロットがとりまとめられたうえで輸送されることから、トラックの積載効率向上がもたらされている。そして、このような輸送効率化によって、各農協が個々に西日本の消費地市場等に出荷した場合と比較して、全体としての輸送経費削減が実現されている可能性が高い。

さらにいうならば、輸送の効率化は農協に野菜を出荷する生産者にとっても手取りの向上につながるものである。

最後に、野菜の供給を受ける側である消費地市場等にとっては、C社から農協連合会を通じて購入することによって、自力では集荷できない群馬県産野菜を拠点市場等から輸送費をかけて買い付けるよりも恐らく安価に調達することが可能になっていると想定される。

このように、C社による農協連合会を通じた県産野菜の県外搬出は、C社だけでなく多くの関係者にとって意義のあるものとなっているが、実際に運用していくなかでは課題も残されている。例えば、C社は消費地市場等からの受注に対応できるだけの数量を県内農協や出荷組合から集荷しなければならないが、実際には必ずしも確保できるわけではない。特に、市場への入荷量が少ない時期には委託集荷品を県外搬出に仕向けざるを得ないことから、C社の担当者間で荷の確保をめぐる軋轢が生じる場合も少なくはない点が指摘されている。

（5）M農協における野菜の集出荷とC社との関係

1）M農協の概要

本項においてはC社と集荷圏域が共通するM農協を事例として、同農協における野菜の集出荷の実態について確認するとともに、C社との関係について検討を行いたい。なお、M農協の概要と野菜取扱の概要については**表4-12**のとおりである。

M農協は前橋市全域を管内とする総合農協であり、2003年に複数の農協が合併することによって設立されている。同農協の2011年における正組合員数は11,624人となっているが、このうち野菜の出荷者は約1,800人である。M農協の2011年における野菜出荷額は51億503万円となっているが、これを品目別の構成比でみた場合、きゅうりの38.3％、なすの9.0％及びほうれんそうの7.4％の割合が高い。しかし、これら3品目を合わせても54.7％でしかないことから、同農協は多品目の野菜を取り扱う傾向にある。

第4章　群馬県中・東毛地域の消費地市場等による県外搬出

表4-12　M農協における野菜の取扱概要（2011年）

単位：戸、人、百万円、％

		金額等	割合	備　考
農協の概要		−	−	
	本部所在地	前橋市	−	
	管轄地域	前橋市	−	
	正組合員戸数	11,624	−	
野菜取り扱いの概要				
	野菜出荷者数	約1,800	100	
	農協経由率	−	70	
	共販	−	60	
	商流のみ経由	−	10	C社出荷分の約7割が該当。実質的には個人出荷。
	野菜出荷額	5,105	100.0	
	きゅうり	1,955	38.3	
	なす	461	9.0	
	ねぎ	375	7.4	
	その他	2,313	45.3	

資料：ヒアリング（2012年）より作成。
注：1）農協経由率は概数である。
　　2）−は非該当である。

2）青果物の集出荷の概要

　M農協によれば管内における野菜の系統経由率は約70％であるとしており、都市近郊という立地環境を踏まえるならば高く維持されているといえる。しかし、後述するようにM農協からC社に出荷される野菜の多くは商流のみ同農協を経由していることから、物流上M農協が扱うものは60％程度となっている。

　M農協の集出荷施設は調査時現在においても集約化が進展しておらず、旧農協時代からの施設がそのまま使用されている。このため、集荷は合計8箇所の集荷所で行われているが、出荷にあたっては大ロットを形成する必要があることから1箇所の施設に機能を集約している。したがって、他の7箇所の集荷所に集荷された野菜は最も規模の大きな施設に移送し、そこで他のトラックに積み替えた後に消費地市場へと搬出されている。

　M農協の野菜出荷先を**表4-13**に基づいて確認すると、同農協は現在18市

表 4-13　M 農協の野菜出荷（2011 年）

単位：実数、百万円、％

	市場数・金額	割合	備　　考
出荷市場等数	40	−	常時出荷は 18 市場。 地域別の出荷額割合は京浜が中心。
C 社	655	12.8	C 社出荷分の約 70％は商流のみ M 農協を経由。 C 社出荷分の一部は西日本等の市場に再分荷。
東京都中央卸売市場淀橋市場	392	7.7	
東京都中央卸売市場築地市場	376	7.4	
東京都中央卸売市場大田市場	338	6.6	
長野地方卸売市場	334	6.6	
東京都国立地方卸売市場	318	6.2	
東京都練馬青果地方卸売市場	311	6.1	
横浜市中央卸売市場	295	5.8	
その他（計 32 社）	2,081	40.8	県外市場等（26 社、約 34％）、県内市場（6 社、約 7％）。 県外市場等は京浜を中心に関東、信越、東北等。

資料：ヒアリング（2012 年）より作成。
注：−は非該当である。

場に対して恒常的な出荷を行っている。このうち、割合の高い市場から順にみればC社が最も高く12.8％、次いで東京都中央卸売市場淀橋市場が7.7％、同じく築地市場が7.4％、大田市場が6.6％、それと並んで長野地方卸売市場が6.6％等と続いている。また、出荷先の合計は40市場となっている。ちなみに、これらの市場は先にみたC社が農協連合会を通じて行う県外搬出の転送先とは基本的に重複しないものである。出荷先を地域別にみれば県内市場が約20％、県外は約80％という構成である。このうち、県外については東京都を中心とする京浜地方の割合が高く、それ以外では信越や東北等が主な対象地域となっている。

　M農協から市場までの輸送は、同農協が手配した運送業者が行っている。そして、比較的遠隔となる東北地方の市場については北日本にある農協が東京市場に出荷したトラックの帰り便が利用できることから、M農協の集荷場から直接的に搬出が行われている。しかし、西日本についてはこのような方法をとることが難しく、また経費的な問題もあって、M農協から西日本に対する直接的な出荷は長野県が西限となっている。

　M農協では2003年の合併後に出荷先市場の集約化を検討したが、現在まで

実現できずに至っている。その理由は、出荷者からの集荷が集中する時期には多数の出荷先を確保しておかなければ全量を処理できないことに加え、特定市場への出荷を希望する出荷者の意向を無視できない点があげられている。しかし、出荷者の高齢化もあって今後は集荷量の減少が見込まれることから、現在の40市場を将来的には20市場程度にまで絞り込むことが検討されている。

　最後に、M農協と産地集荷市場や集出荷業者との関係についてみておきたい。すでにみたように前橋市内には産地集荷市場がなく、このためM農協管内の生産者で産地集荷市場に出荷するものは多くはないと考えられることから、同農協と産地集荷市場が集荷をめぐって競合することは少ない。しかし、一部では集出荷業者が農協管内の生産者を巡回することによって庭先集荷が行われている。

３）野菜の県内市場への出荷

　M農協出荷額の約20％を占める県内市場のなかではC社が最も多く、これに次いで次節で検討するD社、桐生地方卸売市場、高崎市総合地方卸売市場、館林市総合地方卸売市場等の合計７市場が対象となっている。M農協の県内市場への出荷割合を経年的にみれば、概ね横ばい傾向で推移している。

　県内市場のうち、C社出荷分の７割程度は商流上M農協を経由[28]しているものの、実質的には個人出荷というべき出荷形態となっている。なお、このような出荷が行われる背景には、従来は個人出荷によってC社に出荷していた個人出荷者を、同社との軋轢を回避しながらM農協の扱いに取り込んできたという経緯[29]が存在していることによる。この場合の出荷方法を具体的にみると、出荷者は自身で選別・調整した野菜をC社まで搬入し、同社の卸売場においてM農協の職員が伝票を作成するという方法によって行われている。また、出荷品に対する検品は行われず、代金の精算[30]も出荷者ごとに行われている。

　ここで、M農協からみた県内市場の評価について確認すれば以下のとおりとなる。同農協によれば、近年は各消費地市場で形成される相場は平準化さ

れる傾向にあり、県内市場においても京浜地方の拠点市場等と比較して遜色のない価格で取引されている。そして、県内市場に出荷した場合は京浜地方と比較して輸送経費を低く抑えることが可能となることから、同じ価格で販売できるのであれば敢えて京浜市場に出荷する必要はなく、県内市場を優先したいとしている。このため、M農協においては京浜市場を中心としながらも、常に県内市場を視野に入れた出荷戦略がとられている。

　4）C社を通じた県外搬出
　ここでは、M農協におけるC社が行う農協連合会を通じた野菜の県外搬出への対応状況やその評価について確認しておきたい。M農協はC社に対し6億5,594万円の出荷を行っているが、その約7割は実質的な個人出荷であり、共販に限れば3割程度に過ぎない。そして、C社経由で西日本市場等へ搬出される割合はさらにその一部に過ぎないことから、金額的に決して多いとはいえない状況にある。しかし、同取引はC社が県内の複数農協から出荷された野菜をとりまとめ、より大きなロットを形成することで効率的な輸送が可能となることもあって、M農協単独では対応できない遠隔市場への出荷が実現されている。同時に、C社から出荷要請がきた段階で既に価格が定められていることから、M農協や出荷者にとっては安定的な販売につながる点も評価されている。
　以上、本節においては、C社と集荷圏域が共通するM農協の野菜出荷実態等についてみてきた。その結果、M農協は実質的な個人出荷者を農協に取り込むことでC社との軋轢を回避するとともに、C社が行う農協連合会を通じた取引に対応することによって、M農協単独では行えない遠隔市場に対する安定的な販売が実現されている。

第5節　消費地市場D社によるグループ企業間取引を通じた県外搬出

(1) D社の概要

　本節では群馬県中・東毛地域の消費地市場D社を事例として、同社と県外のグループ企業との相互取引によって行われる県産野菜の県外搬出について検討したい。同時に、D社所在市等を管内とし、同社とも関係が深いS農協についても検討を行うこととする。

　表4-14は、消費地市場D社の概要についてまとめたものである。同社は群馬県伊勢崎市日乃出町にある民設民営の地方卸売市場であり、2011年の取扱額は53億5,735万円となっている。ただし、同金額には群馬県外のD社グループ企業の県内量販店に対する販売額と加工食品の取扱額も含まれている。このため、D社の青果物卸売業者としての純粋な取扱額は約42億円である。その内訳については野菜が約35億円、果実が約7億円となっているように、D社は野菜の取扱割合の高い市場である。また、野菜については群馬県産（一

表4-14　消費地市場D社の概要（2011年）

単位：百万円、%

		金額・方法等	割合	備　考
所在地		伊勢崎市日乃出町	—	
設立年		1977年	—	複数の産地市場を合併して公設市場として設立。1996年に長野県内卸売業者と資本提携。2004年に民営化、同時に長野県内卸売業者が買収。
取扱額		5,357	100	D社本社の群馬県内スーパー納品分、及び加工品を含む。
青果物取扱額		約4,200	78	
野菜		3,528	66	青果物取扱額に占める野菜の割合は84%。
群馬県産等		1,662	31	一部に埼玉県産を含む。
群馬県以外		1,866	35	一部の埼玉県産を除く。
果実		約700		県産品は果実の1～2%程度。
主要県産等野菜の品目		野菜全般	—	ねぎ等葉物野菜の割合が高い。

資料：ヒアリング（2012年）より作成。
注：1）割合は概数である。
　　2）－は非該当である。
　　3）D社は個人出荷品については県によって区別していないことから、個人出荷品には埼玉県産が含まれている。

部埼玉県産を含む）が取扱額の半分近くを占めているが、果実の県産品割合については取扱額の1～2％に過ぎない。そして、果実に関しては県外産品も含めてほぼ全量が県内消費に仕向けられている。

　続いて、D社の設立等にかかる経緯についてみれば以下のとおりとなる。D社の前身となった会社は、1977年に伊勢崎市が公設地方卸売市場を設置した時に、地域内にあった複数の産地集荷市場の合併によって設立されている。その後、D社の前身企業は経営上の問題もあって1994年に長野県内の青果物卸売業者と業務提携し、さらにその2年後である1996年には長野県内卸売業者がD社の前身企業を買収することによって、現在のD社が設立されている。また、2004年には伊勢崎市が市場の運営から撤退したことによって、公設市場から民設市場へと設立形態が変化している[31]。

（2）D社における群馬県産野菜の県外搬出をめぐる経緯

　後掲の表4-17にあるように、調査時現在においてD社から集出荷業者を通じて行われる県外搬出は野菜取扱額の5％程度に過ぎないが、過去においては盛んに行われていた。このため、以下においては集出荷業者による野菜の県外搬出が減少した経緯について確認したい。

　D社の前身会社は産地集荷市場の合併により設立されたこともあって、同社では1977年の設立時から朝市に加えて夕市が行われ、夕市で取り扱われた野菜は集出荷業者によって県外市場等へと搬出されていた。しかし、1990年代の半ばよりD社の前身会社は当時の個人出荷者、なかでも野菜生産が盛んな伊勢崎市内の赤堀町と東村の出荷者に対して農協共販による出荷を誘導したことから、現在のように個人出荷者が減少する結果となっている。なお、D社が個人出荷者を農協共販へと誘導した理由については、①農協による出荷者への指導を通じた生産管理技術や選別・調製水準の向上、②農協に商流を通すことによる代金決済の合理化、さらには③地元農協との関係強化等があげられている。

　上記の経緯に加えて、D社に出荷していた埼玉県深谷市等の個人出荷者が

第4章　群馬県中・東毛地域の消費地市場等による県外搬出

高齢を理由に出荷先をより居住地に近い産地集荷市場や農協へと変更したこともあって、同社に入荷する地場産野菜は個人出荷から農協共販へとシフトしていった。しかし、農協出荷品は市場で相対取引されるので集出荷業者はセリを通じて自分の希望価格で調達することが難しくなるとともに、選別・調製が統一された共販品は個人出荷品と比較して相対的に高価となる傾向があった。このため、1997年頃を境としてD社の夕市に参加する集出荷業者は急速に減少し、さらに2002年には夕市そのものが廃止されている。このことから、集出荷業者による転送量は大きく減少する結果となっている。

以上にみてきたように、D社は産地集荷市場を前身としながらも、時代が下がるに従って産地集荷市場的な性格を払拭させながら推移してきた市場ということができる。

（3）D社における群馬県産野菜の集荷

本項では、D社における群馬県産野菜の取り扱いについて確認するが、それに先だって、**表4-15**を基に同社における野菜全体の出荷者構成について確認したい。

D社の野菜出荷者のうち最も高い割合を占めているのは他市場の約55％であるように、同社は集荷において転送への依存傾向の強い市場ということが

表4-15　消費地市場D社の野菜集荷（金額・2011年）

単位：％

	業態・方法	割合	備考
合計	−	100	
出荷者	農協	41	S農協の割合が高い。
	個人等	4	一部に出荷組合を含む。 埼玉県深谷市（個人の約60％）、本庄市、伊勢崎市等。 常時出荷者は約100名。
	他市場	55	都内及び県内市場（25〜35％）、長野県内グループ会社（20〜30％）等。
集荷方法	委託	50	系統出荷品と個人出荷品が該当。転送集荷品の一部を含む。
	買付	50	転送集荷品の多くが該当。

資料：ヒアリング（2012年）より作成。
注：1）割合は概数である。
　　2）−は非該当である。
　　3）D社は個人出荷品については県によって区別していないことから、個人出荷品には埼玉県産が含まれている。

表4-16　消費地市場D社の群馬県産野菜の集荷（金額・2011年）

単位：％

	業態・方法	割合	備　　　考
合計	－	100	
出荷者	農協	68	S農協の割合が高い。
	個人等	7	出荷組合を含む。 埼玉県深谷市（個人の約60％）、本庄市、伊勢崎市等。 常時出荷者は約100名。
	他市場	25	県内他市場等。
集荷方法	委託	75	系統出荷品、及び個人出荷品が該当。
	買付	25	転送集荷品の大部分が該当。

資料：ヒアリング（2012年）より作成。
注：1）割合は概数である。
　　2）－は非該当である。
　　3）D社は個人出荷品については県によって区別していないことから、個人出荷品には埼玉県産が含まれている。

できる。他市場からの集荷についてさらにみるならば、D社のグループ企業である長野県内の卸売市場等が20～30％を占めているように、同社においてはグループ企業間の取引によって野菜を調達するという特徴的な集荷が行われている。他市場以外の集荷先では農協が約41％、個人等（一部に出荷組合を含む）が約4％となっている。

続いてD社における群馬県産野菜の集荷について確認するが、同社の個人出荷品は県によって区別されることなく取り扱われていることから、D社の県産野菜取扱額の一部には埼玉県産も含まれている。このため、以下においては埼玉県産の個人出荷品についても群馬県産に含めて検討することとしたい。D社が取り扱う16億6,270万円の県産野菜について、その出荷者構成や集荷方法についてまとめたものが表4-16である。

まず、出荷者構成について確認すると農協の割合が最も高く、県産野菜の68％を占めている。このように、同社においては前述のC社と比較して県産品における農協の割合が高いという特徴がある。それ以外では県内他市場からの転送が約25％であり、次いで個人等が約7％となっている。このうち、農協については地元であるS農協の割合が高く、D社は過去において個人出荷者をS農協の共販に誘導したという経緯が存在することもあって、地元農協から手近な出荷先として利用されていることがうかがえる。

第4章　群馬県中・東毛地域の消費地市場等による県外搬出

　一方、個人出荷者については常時約100人から集荷されている。これら出荷者の所在地は一部がD社所在市である伊勢崎市となっているが、その多くは同市からみて利根川を挟んだ南岸に位置する埼玉県深谷市等の生産者[32]によって占められている。また、D社においては県産野菜についても約25％が県内他市場等からの転送によって集荷されている。

　ところで、第3章で検討したように深谷市等には産地集荷市場が多数存在しているが、D社に出荷する深谷市等の個人出荷者が地元の産地集荷市場ではなく、D社を出荷先として選択した要因について整理するならば以下の2点があげられる。

　第1に、深谷市等の産地集荷市場はいずれもねぎの取り扱いに特化した市場であることから、出荷者がねぎ以外の品目のみを出荷するには抵抗感が生じるが、D社ならば多品目の野菜が取り扱われているのでねぎ以外の品目であっても出荷が行いやすい。

　第2に、産地集荷市場は出荷ロットが大きくなければ価格的な評価は低くなるが、D社ならばロットが小さくても比較的高値での販売が可能となる。なお、ロットに関しては農協に出荷する場合も小ロット品は歓迎されないことから、D社に出荷する個人出荷者のなかには出荷量の少ない出荷初期と終期は同社に出荷し、数量が増える出荷盛期になれば農協共販を選択するものも存在している。なお、数量に限らずD社には出荷品の選別・調製基準がなく出荷容器の指定もないことから、出荷に関する制限が比較的緩やかな市場ということができる。

　最後に、県産野菜の集荷方法について確認するならば委託が約75％を占めており、同方法は概ね農協や個人からの集荷が該当している。ただし、農協からの委託出荷品には希望価格が付いた指値委託である場合も多い。一方、買付については主として転送集荷において行われており、県産野菜の約25％を占めている。

（4）D社における群馬県産野菜の取引方法と分荷

1）群馬県産野菜の取引方法

本項においては、D社における群馬県産野菜の取引方法と分荷の概要について表4-17を基に確認したい。

野菜全体の取引方法から確認するならば、D社のセリ取引率は3％程度でしかない。しかし、個人出荷品についてはその約70％が朝7時30分から行われるセリによって販売されていることから、セリ取引率の低さは同社に入荷する個人出荷品自体が少ないことによるものである。また、個人出荷品であっても約30％は相対によって取引されている。この場合、①出荷者と量販店等との間で事前の販売契約等のある取引、②高品質品を望む販売先のためD社が品質の良い個人出荷品をセリ開始前に買い取るようなケースが該当している。一方、個人出荷品以外はほぼ全てが相対によって処理されている。

表4-17　消費地市場D社の野菜の取引方法と分荷概要（金額・2011年）

単位：％

		方法・業態等	割合	備考
合計		-	100	
取引	取引時間	7:30	-	2002年に夕市を廃止。
	取引方法	セリ	3	個人出荷品の約70％が該当。 群馬県産の約5％が該当。
		相対	97	系統出荷品及び転送集荷品のほぼ全量、個人出荷品の約30％が該当。 群馬県産の約95％が該当。
	手数料率	8.5％	-	
販売先		仲卸業者	35	市場内仲卸業者3社（7％）、他市場仲卸業者（前橋市場等）5社（28％）。
		量販店	40	県内量販店1社。
		一般小売店等	10	伊勢崎市、前橋市、埼玉県等の約50店。
		集出荷業者	5	地元集出荷業者2社。 夏場は東北等東日本の市場に、冬場は関西方面の市場に出荷。 転送品目は、ねぎやほうれんそう等。
		D社グループ会社	10	長野県内卸売市場の卸売業者6社に転送。

資料：ヒアリング（2012年）より作成。
注：1）割合は概数である。
　　2）－は非該当である。
　　3）D社は個人出荷品については県によって区別していないことから、県産品の一部には埼玉県産の個人出荷品が含まれている。

第4章　群馬県中・東毛地域の消費地市場等による県外搬出

　さらに県産野菜の取引方法についてみるならば、D社の集荷品はその多くが農協共販によるものであることから、取引方法も約95％が相対となっている。一方、セリ取引については、県産品のなかでも個人出荷品を中心に約5％で行われているに過ぎない状況である。

　2）群馬県産野菜の分荷概要
　最初に、D社の野菜全体の分荷先からみると構成比の高いものから順に量販店が約40％、仲卸業者が約35％、一般小売店等が約10％、C社のグループ企業が約10％、そして集出荷業者が約5％となっている。このうち県産野菜の県外搬出を行う業者としては、集出荷業者と仲卸業者及びD社のグループ企業が該当している。D社のグループ企業については次項で検討するので、ここでは集出荷業者と仲卸業者について確認したい。
　D社で青果物を調達する集出荷業者は伊勢崎市周辺に事務所のある2社であり、これら業者は同社だけでなく前述の中毛地域A社及びC社からも購入している。このことから明らかなように、集出荷業者にとってこれら3市場は同じ集荷圏域に属しているということができる。集出荷業者はD社から購入した野菜を主として県外市場に転送しているが、冬期は東北地方や北海道等の北日本に対しねぎやほうれんそうなど寒冷地で不足する葉物野菜の搬出を行う一方で、夏期については関西方面の消費地市場を中心として多品目にわたる野菜の転送が行われている。
　仲卸業者への販売のうちD社と同一市場の仲卸業者は3社のみであり、それ以外はC社と同じ市場や高崎市総合地方卸売市場等の5社となっている。これらの仲卸業者には市場設立以前に集出荷業者であったものが含まれており、このため現在でも取り扱われる青果物の一部は県外に搬出されている。しかし、その実態についてはD社も詳細を把握しておらず、また転送を行ってはいても数量的にはわずかであるとのことである。
　以上、D社から集出荷業者や仲卸業者によって行われる野菜の県外搬出についてみてきたが、前者については同社が扱う野菜の5％程度であり、後者

についても数量的に決して多くはないと考えられる。

（5）D社によるグループ会社間取引による県産野菜の県外搬出の実態

1）取引の概要

　前述のように、D社が取り扱った県産野菜が集出荷業者や仲卸業者によって県外へと搬出される数量は決して多くはないが、これらの方法以外にも長野県内にあるグループ企業との取引を通じて県産野菜の県外搬出が行われており、同社の特徴となっている。

　ここでD社グループの構成について確認すると、同グループの本社は長野県上田市にある青果物卸売業者である。支社については、市場卸売業者として長野県内主要都市に5支社と群馬県内にD社が設置されている。また、支社以外でグループを構成する関連業者として東京都中央卸売市場板橋市場の卸売業者1社、青果物場外流通業者1社及び運送会社1社が該当している。以上から、D社グループは合計8社の青果物卸売業者と1社の場外流通業者、及び1社の運送業者によって構成されている。

　これ以降は、D社におけるグループ企業間の取引について検討したい。すでにみたように、D社は野菜集荷において長野県内のグループ企業からの転送が全体の20～30％を占めている。その一方で、野菜販売においてもグループ企業への販売が約10％を占めていることから、同社は長野県内のグループ企業との間で一方向的な取引を行うのではなく、相互に荷を融通しあうという関係が構築されている。このような取引関係は、D社の前身会社がD社の本社と資本提携した1994年から始まっており、1996年の買収によってさらに強まる結果となっている。そして、同取引はグループ企業間の取引であることから、安定かつ継続的な関係ということができる。

　同取引を季節的にみれば、夏期は主として果実を含む長野県産の青果物が群馬県内のD社に搬入されるケースが多く、一方の冬期にはD社から群馬県産の野菜が冬に野菜の不足する長野県内の各支社に向けて搬出される傾向にある。経年的には、D社において伊勢崎市周辺等で生産される地場産野菜の

第4章　群馬県中・東毛地域の消費地市場等による県外搬出

入荷量が減少しつつあることも関係して、長野県内からの転送量は増加する傾向にある。このため長野県からの青果物流入は、今後一層の増加が見込まれている。

２）グループ会社間取引のマージン率

D社のグループ会社間の取引を同社の経営面からみた場合、以下のとおりとなる。まず、D社がグループ会社に販売する場合には仕入原価に対して５～６％のマージンと輸送費が上乗せされている。同マージン率をD社が買付集荷品を販売する場合の一般的なマージン率である４～５％と比較するならば、グループ内取引の方が高い割合となっている。このことから明らかなように、同取引はD社にとってより収益上の優位性が高い方法ということができる。

一方、D社がグループ会社から購入した青果物についても５～６％のマージン率が上乗せされて売買参加者等に再販売されることから、この場合も一般の買付品と比較して優位性の高い取引となっている。

３）グループ会社間取引の意義

ここで、D社におけるグループ会社間取引の意義について整理するならば、以下の３点を指摘できる。①グループ会社間取引のマージン率は一般の買付集荷品と比較して高率であり、収益上の優位性が高い取引となっている。②生産条件の異なる２県間をまたいだ相互融通的な取引となることから、相互の過不足を補填し合うことによる需給調整が可能となる。③同じ企業グループ間の取引であることから、安定かつ継続的な取引関係が構築される。

以上、本節においてはD社が行うグループ会社間取引と同取引による群馬県産野菜の県外搬出についてみてきた。最後になるが、近年におけるD社の経営を取り巻く環境は、群馬県内への大規模量販店の出店もあって同社が販売先となる量販店等を新規に確保するには課題が多く、さらに既存の一般小売店等も減少傾向で推移するなどより厳しさを増しつつあるのが実態である。

このため、D社としては今後も従来からの販売先である量販店や仲卸業者を販売の中心としていく方針に変化はないものの、将来的にはグループ会社への販売を拡大していくことが検討されている。

（6）S農協における野菜の出荷対応とD社との関係

1）S農協の概要

ここまでD社の概要と同社が行うグループ会社を通じた県外搬出について検討してきたが、本項では同社と所在市を同じくする、言い換えれば集荷圏域を同じくするS農協について検討することによって、D社と同農協との関係について明らかにしたい。なお、S農協の概要と野菜集荷については表4-18のとおりである。

S農協は群馬県伊勢崎市に本部があり、伊勢崎市と佐波郡玉村町を管内とする正組合員数6,584人の総合農協である。同農協は1993年に4農協の合併によって誕生しているが、2010年にはさらに1農協を合併することで現在に至っている。

調査時現在、S農協では旧農協毎に5つの支部に組織された1,394人の生産者によって青果物の出荷が行われている。同農協の主要取扱品目は夏期の露地きゅうりとなす、及び春期の半促成なすとなっているが、これら以外にも多品目の野菜が取り扱われている。なお、S農協管内のうち収益性の高い果

表4-18　S農協の概要と野菜等集荷（2011年）

単位：戸、人、百万円

	所在地・金額等	備　　考
農協の概要	－	
本部所在地	伊勢崎市	
管轄地域	伊勢崎市、玉村町	
生組組合員戸数	6,584	
野菜等取扱概要	－	一部に果実を含む。
出荷者数	1,394	葉菜類の生産者が多い。
出荷額	7,141	品目的には、なす、きゅうりの割合が高い。管内における農協経由率　約70％。

資料：ヒアリング（2012年）より作成。
注：1）割合は概数である。
　　2）－は非該当である。

菜類の産地としては、伊勢崎市内の赤堀町や東村が該当している。また、同農協管内における青果物の系統利用率は平均約70％となっているが、実際には品目毎の差異が大きい。具体的には、ほうれんそうやねぎ、にら等の葉菜類は総じて低くなる[33]一方で、きゅうり、なす、トマト等の果菜類では比較的高い共販率が維持されている。

2）青果物集出荷の概要

S農協の青果物出荷額は71億4,146万円であり、これらは全て商流だけでなく物流に関しても5箇所の集荷場[34]を経由している。また、全ての品目が共計の対象となっており、なかでも農協連合会が分荷権を持つしゅんぎく、にら、ほうれんそうの3品目については全県共計が行われている。

表4-19を基にS農協の主な出荷先をみるならば、D社が最も多く約11％を占めている。それ以外では、長野地方卸売市場と東京都中央卸売市場築地市場及び同淀橋市場等の割合が比較的高い。しかし、出荷先総数では46社となっているように、多数分散型の分荷が行われている。また、これら出荷先のうち30社については年間を通じた出荷が行われている[35]。出荷先の地域については群馬県内及び京浜地方等が約70％、東北地方が約25％、関西地方が約5％という構成から明らかなように、首都圏に集中する傾向が強い。

表4-19　S農協の野菜等出荷（2011年）

単位：実数、百万円、％

		金額	割合	
野菜等出荷額		7,141	100	出荷先は合計46市場。常時出荷は30市場。
群馬県内・京浜・長野等		5,000	70	
	D社	800	11	
	長野地方卸売市場	700	10	
	東京都中央卸売市場築地市場	500	7	
	東京都中央卸売市場淀橋市場	470	7	
	C社	19	0	
	その他	2500	35	
東北		1800	25	
関西		350	5	

資料：ヒアリング（2012年）より作成。
注：1）金額・割合は概数であることから、各項目の合計は合計値に一致しない。
　　2）0は単位に満たないものである。

3）野菜の県内市場への出荷

　前述のようにS農協の出荷先はD社が最も高い割合となっており、このような関係は1993年の同農協設立以降一貫して継続されている。また、県内市場では中毛地域C社にも出荷を行っているが、同社への出荷額は1,900万円と野菜出荷額の0.3％に過ぎない。

　S農協によれば、D社に代表される地元市場は都内市場等と比較して価格的に遜色がないならば、輸送費の節約が可能となるため望ましい出荷先であるとしている。そして、近年は地方市場の相場も平準化される傾向にあるとしており、D社の相場についても同様に、都内市場に準じた価格が安定的に形成されている点を指摘している。また、S農協から京浜地方までの輸送費は8.5円/kgとなっているが、D社ならば約4円/kgに過ぎないことから、同社に出荷することによって輸送経費の大幅な削減が可能となっている。上記に加えて、地元市場は都内の拠点市場と異なって、ロットがまとまらない品目であったとしても受け入れてもらいやすい点が評価点として指摘されている。

4）個人出荷者の共販参加に至る経緯

　本節の第2項において、D社の前身会社はS農協管内の個人出荷者を同農協と協力しながら共販に組み入れたことについて触れたが、ここで再度、S農協の側からこの点について確認しておきたい。

　S農協によれば、同農協は卸売業者の要望を踏まえて管内の赤堀町及び東村の個人出荷者を主な対象として、共販に組み入れたとしている。ここで、S農協からみた出荷者にとっての共販化の利点について確認すると以下の3点があげられる。①農協の指導によって統一基準による選別が行われることで販売単価が上昇する。②農協が多数の出荷者の荷を取りまとめることでロットが拡大し、販売単価の上昇につながる。③農協が市場までの共同輸送を担うことによって、出荷者の作業負担の軽減と出荷経費の削減がもたらされる。

　このように、共販には出荷者にとって多くの利点が存在したことから、S

第4章　群馬県中・東毛地域の消費地市場等による県外搬出

農協においては個人出荷者の共販化が比較的円滑に進展したと考えられる。

　5）産地集荷市場との関係
　S農協が所在する伊勢崎市には中毛地域A社が存在しているだけでなく、深谷市等の産地集荷市場にも近いことから、これら市場への個人出荷も可能な立地環境にある。そしてA社に関する記述でも触れたように、同社は相場変動が大きいものの時によってはS農協の2倍程度の高価格が形成されている。このため、S農協は葉物野菜等のシェアにおいて低く抑えられていることに加えて、A社が所在する境町周辺の出荷者のなかにはA社とS農協の価格を比較しながら出荷先を決めるものも少なくはない。これらのことから、S農協は周辺の産地集荷市場と集荷をめぐる競争下にあるということができる。
　以上、本項においてはS農協を事例として、同農協の集出荷概要や地元市場であるD社等との関係について確認してきた。その結果、S農協はD社と協力しながら個人出荷者を共販に取り込むことによって、S農協だけでなくD社や出荷者にも利点がもたらされていた。その一方で、S農協は周辺地域の産地集荷市場と集荷をめぐる競争下に置かれていることも明らかとなった。

第6節　小括

　本章においては、群馬県中・東毛地域の2つの消費地市場が行う群馬県産野菜の県外搬出について検討するとともに、これら市場と地元農協との関係について考察を行った。併せて、消費地市場による県外搬出と対比するため、同地域に所在する2つの産地集荷市場の集分荷についても検討を行った。ここで、本章の検討内容について小括するならば、概略は以下のとおりとなる。
　まず、中・東毛地域の産地集荷市場からみれば、産地集荷市場A社は市場周辺や一部埼玉県内等から集荷した青果物をセリ取引によって集出荷業者へと販売していた。さらに、販売された青果物は集出荷業者の分荷機能を通じ

て夏期は西日本、冬期には北日本を中心とする地方市場等に対する転送が行われていた。そしてA社で特徴的なのは、D社やS農協の指摘にもあるようにセリで形成される価格の高さがあげられる。A社においてこのような高水準の相場が許容される背景には、同社で青果物を調達する集出荷業者が全国の地方市場等のなかでも当該品目の供給が不足している市場、言い換えれば相対的に高い相場が形成されている市場を対象とする選択的な転送を行っている点を指摘することができる。そして、このような集出荷業者の行動は、第2章でみた茨城県西地域の産地集荷市場における傾向とも共通するものである。

一方、東毛地域の産地集荷市場B社は主として板倉町から集荷されたきゅうりを取り扱っているが、経年的に取扱額を大きく減少させながら現在に至っている。その要因としては、地元農協が共販を開始した点があげられている。そして、B社は出荷者に対し産地集荷市場に出荷することの優位性を示すことができず、出荷者が奪われる結果となっている。

中・東毛地域の産地集荷市場がこのような実態であるのに対して、消費地市場C社は2002年から県内の農協や出荷組合から集荷した青果物を同社においてとりまとめ、商流を農協連合会に経由させたうえで群馬県内の農協から直接的に集荷することができない西日本の消費地市場等に対する転送を行っている。C社によるこのような取り組みは、卸売業者が行う野菜の県外搬出の新たな形態として注目されるところである。そして、県内に大規模量販店が進出するだけでなく、これら量販店が青果物の調達先として県内市場を利用しないという状況下にある群馬県においては、卸売業者が将来的に取扱高を維持していくための一方策として、卸売業者による野菜の県外搬出を拡大していくことが今後の課題となっている。また、C社とM農協の関係について付言するならば、C社は実質的な個人出荷についても商流上M農協を通すことによって、両者の間に良好な関係が構築されている。

最後に消費地市場D社は、かつて行っていた夕市を廃止するなど産地集荷市場としての性格を経年的に弱める一方において、1994年からは長野県内の

第4章　群馬県中・東毛地域の消費地市場等による県外搬出

グループ会社との間で青果物の相互融通を行うことによる県産野菜の県外搬出を行っている。この場合、夏期には主として長野県産青果物がD社に移入され、一方の冬期には群馬県産野菜が長野県へと移出されている。そしてこのような取引は、群馬県内に大規模量販店が進出することによる県内市場の販路縮小に加えて、販売先となる量販店や小売業者等を新規に確保できない状況下においては、D社が取扱高を維持していくために力を入れざるを得ないものとなっている。また、D社とS農協の関係について付言すれば、D社は従来の個人出荷者をM農協と協力しながら農協共販へと誘導してきたという経緯から明らかなように、良好な関係が構築されている。

　以上が本章における検討内容の要約である。そして、このような検討の結果、群馬県内の一部の消費地市場では県外大規模量販店等の進出によって既存市場の販路が縮小するなかで、取扱高を維持していくため従来の産地集荷市場とは異なった方法によって、県産野菜の県外搬出に向けた取り組みが展開されつつあることが明らかとなった。

注
1）［2］のp.740によれば、群馬県では1961年から展開された基本法農政による選択的拡大を契機として、稲麦・養蚕複合型の経営から畜産や野菜など成長部門の専作的大規模経営への転換が進んだとしている。また、［1］のp.137では、群馬県中・東毛地域を含む利根川左岸農村が米麦＋養蚕型の農業から蔬菜専作型農業への移行が完了した時期を1970年代前半としている。
2）［1］のpp.142-143によれば、戦後の統制解除を受けて、中・東毛地域を含む利根川左岸においては季節市場的な性格の産地集荷市場が簇生したことが指摘されている。
3）中毛地域及び東毛地域は群馬県の地域区分であり、それぞれ以下の市町が含まれている。中毛地域：前橋市、渋川市、伊勢崎市、北群馬郡（榛東村、吉岡町）、佐波郡（玉村町）。東毛地域：桐生市、みどり市、太田市、館林市、邑楽郡（板倉町、明和町、千代田町、大泉町）。
4）『群馬農林水産統計年報　平成23～24年』による。
5）東毛地域でもみどり市の市場出荷率は26.0％と高くなっているが、その理由については把握できていない。
6）群馬県における卸売市場の設置状況と市場の性格については、群馬県庁資料

159

と県庁へのヒアリング（2012年9月）による。
7) 館林市内に所在する2つの産地集荷市場については調査を行うことができなかったが、県庁によればこれら2市場は隣接して設置されており、きゅうり等を始めとする野菜を取り扱っているが、規模的には非常に小規模とのことである。
8) A社の取扱額は、2011年度と2010年度はいずれも約29億円であるが、2009年度は約36億円となっているように、その年々の豊凶や相場によって大きく変動している。
9) A社資料による。
10) 境町は群馬県佐波郡にあった町であり、2005年1月に伊勢崎市と合併している。
11) A社は地域内にかつて存在した産地集荷市場の生き残りであるという性格に加えて、1972年に隣接の産地集荷市場を合併していることから明らかなように、周辺の市場を再編しつつ今日に至ったものともいえる。
12) このような方法によってセリを行うのは鮮度保持との関係が大きい。具体的には、A社はほうれんそうの取り扱いが多い市場であるが、このような葉物野菜は夏期の高温時には鮮度劣化が激しく、このため市場入荷後はセリのサンプルとなる1ケースを残して速やかに冷蔵庫に保管することによって、品質の維持を図っていることによる。
13) A社の販売先である集出荷業者は登録では45社となっているが、実際に調達に訪れているのは25社である。
14) 産地集荷市場の取引時間は市場毎に異なる場合が多く、このため集出荷業者は複数市場を巡回しながら調達することが可能となっている。
15) 筆者が1996年に大阪市中央卸売市場本場の主としてごぼうを取り扱う仲卸業者に対して行ったヒアリングによれば、同業者では卸売業者等から調達したごぼうを数ヶ月間にわたって冷蔵庫に保管しながら、長期間にわたる販売が行われていた。このことを敷衍するならば、集出荷業者が保存性の高い品目を保管し、長期間にわたって出荷を続ける可能性は高いと思われる。
16) 集出荷業者の従来からの機能については、本章第2章において検討を行っている。
17) 群馬県は卸売市場の取扱額を市場毎に公開していないことから、B社の正確な取扱額は不明である。
18) かつて、B社は板倉町内で生産されていたきゅうりの大部分を取り扱っていたが、現在では10数％程度のシェアにまで減少している。
19) このような取引は市場法上では違反となるが、集荷力が弱い卸売市場においては広く行われている方法である。
20) 出荷者に対する補助金の単価は明らかではなく、また品目によっても異なるが、概ね出荷容器購入額の10～20％に相当する水準としている。そして、このよ

第4章　群馬県中・東毛地域の消費地市場等による県外搬出

うな補助金の存在が、出荷組合の出荷者が農協等への出荷先変更を躊躇する一因となっている。
21) 後述のM農協及びS農協によれば、県内市場の価格が都内拠点市場と比較して同水準であるならば、これら農協は輸送コストを節約できることもあって県内市場への出荷を優先するとしている。このことを踏まえるならば、都内市場と県内市場との価格差が、同じく都内市場と県内市場までの輸送に要するコストの差額よりも小さくなる場合においては、県内農協は県内市場への出荷を優先すると考えられる。このため、県内農協がC社に出荷する県産野菜の平均価格は、同じく都内市場に出荷した場合の平均価格と比較して、都内市場と県内市場との輸送費の差よりも少ない価格差となっていることが想定される。また、農協と出荷組合とでは出荷品の価格に大きな差はないとされていることから、出荷組合についても同程度の価格帯によって取引されている可能性が高い。
22) C社で青果物を調達する他市場の卸売業者はC社の売参権を取得していることから、いわゆる第3者販売には該当しない。
23) 深谷市等A社も中毛地域C社から購入しているが、これは販売先である地域内小売業者の品揃えのための調達であることから、本章で検討する県外搬出とは性格の異なるものである。
24) C社の仲卸業者には市場設立以前は集出荷業者であったものが含まれており、これら業者は現在においても県外他市場等への転送を行っている。
25) C社によれば、群馬県内の農協における野菜取扱額は例年700億円程度で推移しているが、このうち県内消費は約50億円に過ぎず、残りの約650億円は県外出荷となっている。さらにいうならば、農協による出荷先市場の集約化もあって県外出荷の約70％は首都圏の拠点市場等によって占められているように、県内農協の出荷対応は首都圏偏重が顕著である。
26) 後述のM農協によれば、西日本の消費地市場等からの発注は同農協にも寄せられているとしていることから、転送先市場は農協連合会だけでなく集荷対象農協に対しても同じタイミングで発注情報を提供している可能性が高い。
27) これら転送先の消費地市場等は、群馬県内の農協から出荷を停止されたとしても農協連合会からの指定は継続している。このため、販売代金を保全するための保険も含めて、農協連合会と市場等との間では1年ごとに取引契約が更新されている。
28) 出荷者にとっては、M農協に商流を通すことで代金決済を代行してもらえるだけでなく、出荷先市場の経営破綻等不測の事態が生じたとしても販売代金が保全されるという利点がある。
29) M農協はかつてC社周辺に集荷場を所有しておらず、そのためこれら地域の出荷者は市場に個人出荷する傾向が強かった。そして、同農協は1995年にC社か

161

ら比較的近い場所に拠点的な集荷場を設置したが、その後も多くの個人出荷者が従来からの出荷方法の継続を望んだことが、商流のみ農協を経由するという方法がとられる理由となっている。
30) M農協の出荷手数料率は通常2％となっているが、商流のみ農協を経由させるものについては1％で処理されている。
31) 現在の市場施設は市から貸与されているが、民設移行時の経緯によって移行後15年間は施設使用料が免除されている。
32) 前述の中毛地域A社において、同社で青果物を調達する集出荷業者には埼玉県深谷市等の産地集荷市場と共通のものが含まれていることを確認したが、D社の個人出荷者についても深谷市内に所在するものが多いことから、伊勢崎市周辺地域と深谷市等とは青果物の集分荷をめぐって同一の圏内にあるということができる。
33) 伊勢崎市内には産地集荷市場である中毛地域A社があり、同社では葉菜類の取扱率が高かったことを踏まえるならば、A社とS農協とは品目による大まかな棲み分けが構築されている可能性が高い。
34) S農協管内にある5箇所の集荷場は、旧農協の施設が継続して使用されている。同農協においては集荷場の集約化が進んでおらず、物流効率化を図るうえでの課題となっている。
35) 通年出荷の対象外となる16社はいずれも関西の消費地市場であり、これら市場には主としてごぼうが出荷されている。このため、時期的にも同品目の収穫期間中に限った出荷が行われている。

引用文献
［1］新井鎮久『産地市場・産地仲買人の展開と産地形成：関東平野の伝統的蔬菜園芸地帯と業者流通』成文堂、2012年、p.209。
［2］群馬県史編さん委員会編『群馬県史　通史編8　近代現代2』群馬県、1989年、p.992。

終章

青果物流通における産地集荷市場の機能と存在意義

第1節　産地集荷市場の現状

　本書においては、わが国の青果物流通における産地集荷市場の位置付けについて確認した後に、茨城県西地域と埼玉県深谷市等の産地集荷市場における青果物の集分荷、及び群馬県中・東毛地域の消費地市場等における県産野菜の県外搬出等について検討を行ってきた。そして、本章においては序章で設定した課題を踏まえながら、本書における検討結果について取りまとめることとしたい。

　ここで、本書における検討結果を概括するならば以下のとおりとなる。

　まず、序章において確認したようにわが国の青果物流通における産地集荷市場の位置付けは、少なくとも産地段階の集出荷におけるシェアという意味において決して高い割合を占めておらず、あくまで総合農協に代表される集出荷団体による流通の補完的な集出荷形態というべきものとなっていた。そして、産地集荷市場は全国でも特定の地域に偏在する傾向が顕著であり、具体的にいうなら野菜を扱う市場は関東地方の茨城県や埼玉県及び群馬県に多く、それ以外では愛知県等に存在していた。一方、果実を扱う市場は青森県に多く設置されており、野菜と同じく特定地域に偏在する傾向が確認された。

　このようななかで産地集荷市場の実態についてみれば、第2章で検討した茨城県西地域の市場や第4章でみた群馬県中毛地域A社に示されるように、周辺地域から市場に集荷された個人出荷品等をセリによって集出荷業者に販売することを通じて、最終的に全国の消費地市場等に対する転送が行われていた。さらに、県西地域等の一部市場においては卸売業者が関連会社として

集出荷業者を設立し、これら業者が取引に介入することで市場相場の下支えや地方市場等への転送が行われていた。

　一方、第3章で検討したように埼玉県深谷市等においては、地域特産物であるとともにねぎの代表的ブランドの一つでもある「深谷ねぎ」を主要取扱品目とする産地集荷市場が多数存在していた。そして、これら産地集荷市場で取り扱われた深谷ねぎについては、集出荷業者によって首都圏の拠点市場や量販店等に販売される一方で、量販店や加工業者に対する直接的な納品が拡大しつつあった。そして、それに伴ってパッキングや加工対応など集出荷業者の機能も拡大する傾向がみられた。

　産地集荷市場と農協等との関係については、茨城県西地域や深谷市等のように産地集荷市場が多数存在し、これらを通じた集出荷が活発に展開されている地域においても市場は周辺地域で生産された青果物を独占的に取り扱うのではなく、多くの場合において農協や他市場との集荷をめぐる競争下に置かれていた。特に、群馬県東毛地域のB社のように農協共販の開始に伴って地域の集出荷におけるシェアを奪われ、取扱額を大きく減少させた市場も存在している。このため産地集荷市場が安定した集荷を実現・維持していくにあたっては、農協等と比較して相対的に高い相場を継続的に形成していくことが必要となっている。

　このように、産地集荷市場が集荷を巡って厳しい競争下に置かれている一方で、消費地市場についても第4章で検討した群馬県中毛地域の市場のように、農協と協力しながら地域で生産された野菜を集荷するとともに、卸売業者による県産野菜の県外搬出が行われるなど新たな取り組みが展開されている。このうち、C社においては群馬県内で生産された野菜を農協等から集荷し、農協連合会を通じて西日本の消費地市場等に対する転送を行っていた。また、D社では個人出荷者を農協共販に誘導するとともに、長野県内のグループ企業との間で県境を越えた青果物の相互融通取引が展開されていた。そして、このような消費地市場の産地市場化ともいうべき取り組みの背景には、県外からの大規模小売店の進出など、県内における流通環境の変化が存在していた。

終章　青果物流通における産地集荷市場の機能と存在意義

第2節　産地集荷市場の機能

　本節においては、本書における検討結果から明らかになった産地集荷市場の機能について整理したい。まず、比較的早い段階から存在していた従来型ともいうべき産地集荷市場の機能からみていくならば、概略は以下のとおりとなる。

　産地集荷市場は基本的に個人を中心とする出荷者から青果物を委託集荷していることから、消費地市場と同じくその存在の基礎として集荷機能を有している。また、委託集荷を行うにあたっては、契約的な取引を除けば価格等に関する条件を伴わない無条件委託となっているように、産地集荷市場では市場の取引原則に則した方法によって集荷が行われるという特徴がある。

　また、集荷された青果物は、原則として集出荷業者等を売買参加者とするセリによって取引されている。このことから、産地集荷市場では評価についても市場の取引原則に則った方法によって、市場の需給実勢を踏まえた価格形成が行われている。このため、産地集荷市場が持つ機能としてセリ取引による価格形成機能や評価機能をあげることができる。

　なお、産地集荷市場が設立された一因には、出荷者の側に存在する集出荷業者が庭先集荷を行う際の買取価格に対する不信感があり、このことが市場において公開性の高いセリが好まれる一因になったと考えられる。その一方で、集出荷業者の側にもセリを通じて購入することに対するこだわりが根強く存在しており、これらの理由が現在でも産地集荷市場においてセリによる価格形成が広範に行われる結果につながっている。

　上記以外の機能としては、卸売業者が出荷者や集出荷業者との間で販売代金の精算を行うことによる代金決済機能がある。それに加えて、卸売業者が集出荷業者からの販売代金回収に先立って出荷者に対する支払いを行っているのであれば、そこに信用機能を付加することができる。

　一方、市場からの分荷に関しては、専ら産地集荷市場で青果物を調達する

165

集出荷業者の機能によって担われている。このため、産地集荷市場そのものには分荷に関する機能が存在しないということもできる。しかし、ここでは集出荷業者が産地集荷市場にとって不可分の存在であるとの考え方に基づいて、以下においては集出荷業者の機能についても産地集荷市場の機能に含めてとりまとめることとしたい。

　産地集荷市場で青果物の調達を行う集出荷業者は、市場においてセリを通じて購入した青果物を消費地市場等に再分荷している。そして、その際の調達先は、複数の産地集荷市場等が利用されるケースが多い。このため、集出荷業者の段階においては複数の調達先からの購入品を合わせることで新たなロットが形成されている。一方、販売にあたっては、形成されたロットを再分割しながら多数の消費地市場に対して販売することによって、分荷機能が発揮されることになる。また、消費地市場等への輸送にあたっては、集出荷業者自身もしくは運送業者によって輸送が行われているが、前者の場合には集出荷業者の機能として輸送機能をあげることができる。

　以上が従来型の産地集荷市場における機能である。しかし、本書で検討したように青果物の流通環境の変化に伴って、産地集荷市場や集出荷業者の機能についても変容しつつあるのが現状である。ここで、産地集荷市場における変容動向について確認するならば、以下の諸点を指摘することができる。

　第1に、産地集荷市場の価格形成については従来からのセリに加えて先渡しの割合が拡大しつつあり、市場の価格形成機能には変化がないものの評価方法が質的に変容しつつある。

　第2に、集出荷業者の廃業や高齢化等に伴う購入量の減少により、市場で形成される相場を高水準に維持することが難しくなったことが要因となって、一部の卸売業者は関連会社として設立した集出荷業者によるセリへの介入を通じて相場の維持を図っている。このことは、本来ならば市場の需給実勢を通じてなされるべき価格形成が、卸売業者によって恣意的に調整されることを意味しており、市場の価格形成機能の質的変容がさらに進行しつつあることを示唆している。

終章　青果物流通における産地集荷市場の機能と存在意義

　第3に、卸売業者が関連会社として集出荷業者を所有することは新たに分荷機能を獲得したことを意味しており、さらに関連会社が販売先までの輸送を行っているのであれば、そこに輸送機能を加えることができる。
　そして、このような産地集荷市場の機能変化を評価するならば、おおよそ以下のとおりとなる。卸売業者については上記の機能変化によって、集荷した青果物を自身で評価することに加えて販売先への分荷まで担うようになっている。このことは、従来型の産地集荷市場の卸売業者という基本的性格に加えて、集荷から販売までの一貫した業務を担うより大規模な集出荷業者として、その性格を変容させつつあることを意味している。
　さらに産地集荷市場の変容動向の第4として、集出荷業者についても産地集荷市場で調達した青果物を無加工で消費地市場等に再分荷するのではなく、パッキングや袋詰め等の処理を施したうえで量販店等に販売したり、加工原料としてカッティングや乾燥等の一次加工を行ったうえで食品製造業者等に納品するものが増加しつつある。このことは、集出荷業者が新たに加工機能を獲得したことを意味しており、これによって産地集荷市場のさらなる機能拡大がもたらされている。

第3節　産地集荷市場の存在意義

　本節においては、産地集荷市場が青果物の集出荷段階に介在することの意義について確認するが、その前に農協と産地集荷市場における出荷対応の相違について確認したい。
　まず、農協の出荷対応についてみるならば、今回検討を行った農協は関東地方の野菜生産地域に立地していることもあって、いずれも首都圏等の拠点的な消費地市場や農協所在県内の地方市場等に対し、当該市場における短期的な相場変動に関わらず安定的かつ継続的な出荷を行っていた。そして、農協がこのような出荷行動をとる目的は、市場に対する安定的な供給を通じて卸売業者の担当者や仲卸業者等からの信用を獲得することによって、長期的

な視点から有利な販売を実現する点があげられる。

　その一方で、集出荷業者が青果物を分荷する場合の出荷対応は、以下に示すような2つの傾向に大別することができる。

　第1の傾向としては、茨城県西地域や群馬県中・東毛地域の産地集荷市場にみられるように、一般的かつ汎用的な品目・品質の野菜を対象として、主として地方都市の消費地市場等に対する転送を行うというものである。この場合の転送先は、季節によって周辺地域における野菜生産が難しい市場であったり、何らかの理由で入荷量が不足し価格が高騰している市場等が対象となるなど、集出荷業者によって選択的な販売が行われている。そして、このような流通は、農協に代表される出荷団体と拠点市場に代表される消費地市場とによって構築された本流ともいうべき青果物流通の「隙間」を埋める役割を果たしていることから、産地集荷市場は需給のミスマッチを調整するうえで機能を発揮している。

　また、集出荷業者が需給の逼迫している市場に対する選択的な供給を行っている場合には、産地集荷市場における相場が同地域の農協価格より高水準であったとしても集出荷業者は経営を継続することが可能となっている。そして、産地集荷市場の相場が高水準に維持されていることが、農協との集荷競争下にあっても市場の集荷が確保される一因となっている。

　集出荷業者の出荷行動に関する第2の傾向としては、特殊なケースかも知れないが、主としてねぎを取り扱う埼玉県深谷市等の産地集荷市場にみられるように、他産地産の同一品目と比較して優位性の高い野菜を対象として、首都圏等の拠点市場や量販店等に対する供給を行うというケースである。

　このような出荷対応が行われる背景には、深谷ねぎの生産量の多さに加えて品質的な評価や認知度の高いブランド品目であるという事情の存在があげられる。このため、深谷ねぎは量販店等にとってねぎに関するメイン商材として品揃上不可欠な商品となることから、集出荷業者によって首都圏の拠点市場や量販店等に販売される結果につながったと考えられる。そしてこの場合、産地集荷市場は長年にわたって深谷ねぎを取り扱うことでブランド化を

終章　青果物流通における産地集荷市場の機能と存在意義

図ると共に、現在においても高品質のねぎを大消費地に安定的に供給するうえで重要な役割を果たしている。

なお、深谷ねぎに関して付言するならば、同品目は歴史的な経緯から比較的早い段階において生産適地を集荷基盤とする産地集荷市場による集出荷の仕組みが構築されただけでなく、これに対し農協は価格的な優位性を出荷者に示せなかったことも一因となって、現在に至るまで産地集荷市場を中心とする集出荷が維持されている。さらには、生産者の出荷先変更が容易に認められないという社会的規制の存在も、市場の存続を可能とした背景にあると考えられる。

本書においては産地集荷市場の分析に加えて、群馬県内の消費地市場を事例に卸売業者による県産野菜の県外搬出についても検討を行った。この場合の県外搬出については、出荷団体と消費地市場によって構築された大規模流通に生じた「隙間」を埋めるという意味において、前述の集出荷業者がとる出荷対応のうち第1の傾向と近似性の高い役割を果たしており、地域間に存在する青果物需給のギャップを調整するうえで市場が機能していると評価することができる。

以上、産地集荷市場で青果物を調達する集出荷業者による出荷行動と産地集荷市場等を経由する流通の役割について整理を行った。既にみたように、青果物の産地集荷市場は集出荷段階におけるシェアのうえでは決して高くないが、同市場による流通は長期間にわたって存続してきただけでなく、現在においても活発な集出荷活動が継続的に行われている。そして、産地集荷市場を集出荷機構とする青果物流通は、出荷団体と消費地市場によって構築された枢軸的な青果物流通の隙間を埋めることで需給の不均衡を調節したり、いわゆるブランド品目を安定的に供給するなど、他の集出荷機構では代替し難い機能を果たしている。そして、このことが青果物流通における産地集荷市場の存在意義であり、長期間にわたって存続を可能にしてきた要因ということができる。これらの理由から、現在の青果物流通においてもなお、産地集荷市場はその存在意義を失っていないといえよう。

あとがき

　本書の各章に関する初出については、以下の学会個別報告が該当している。また、序章と第1章及び終章は新たに書き下ろしたものである。

第2章：「青果物産地市場の性格変化に関する研究―茨城県西地域を事例として―」2011年度日本農業市場学会大会、2011年7月。
第3章：「青果物産地市場の存立理由に関する一考察―埼玉県深谷市のねぎ市場を事例として―」2012年度日本農業市場学会大会、2012年7月。
第4章：「消費地市場卸売業者による県産野菜の県外搬出に関する一考察―群馬県中・東毛地域を事例として―」2013年度日本農業市場学会大会、2013年6月。

　本書に係る調査の実施にあたっては、調査対象となった産地集荷市場や農協だけでなく、県を初めとする行政機関等のお世話になった。この場を借りて御礼を申し上げる次第である。なお、これら調査の実施及びとりまとめに関する一切の作業は私が個人的に行ったものであり、全ての責任は私個人にあることを断っておきたい。
　私は本書を取りまとめるにあたっては、序章で設定した課題の解明に心がけたことはもちろんであるが、その一方において、以下の理由から未来の読者を意識せざるを得なかった。というのも、かつて千葉県東葛飾地域を調査していたときにも感じたことではあるが、都市近郊の野菜産地における生産者の高齢化には茫然とせざるを得ず、本書で検討した産地集荷市場や農協においても出荷者の平均年齢は70歳を越えているのが現状である。一方、野菜生産は労働集約型であることに加えて機械化が難しいことから経営規模の拡大は容易に進まず、同時に法人経営の展開も順調とは言い難いことを踏まえるならば、近い将来、本書の検討対象地域においては生産構造の大規模な変

あとがき

　容が予想されるところである。そして、このことは個人出荷者を主要な集荷基盤とする産地集荷市場に対しても多大な影響を与えざるを得ず、今後、集出荷の態様は大幅な再編に直面せざるを得ないことは明らかである。このため、現段階における産地集荷市場の「記録」を何らかの形で残しておかなければ、その姿を将来に伝えることは難しいと考えている。

　本書においては調査対象が産地集荷市場の卸売業者と農協にほぼ限定されており、実際に出荷先を選択する出荷者や市場からの分荷を実質的に担う集出荷業者については諸般の事情により含めることができなかったという悔いが残るものの、2010年代前半における産地集荷市場の実態について、なにがしかの「記録」は行えたと考えている。本書によって、未来に青果物産地集荷市場の姿をいくらかでも伝えることができれば幸いである。

　私事で恐縮だが、私は今後の研究テーマをいくつか温めてはいるが、現状において研究活動は休日等を活用しながら自費で行わざるを得ず、このため実際に取り組むことができる課題は非常に限定されているのが現状である。さらに言うならば、2010年度からは所属先における業務内容が変わった関係もあって、私の研究活動を取り巻く環境はますます厳しさを増しており、今後、その継続には限界すら感じつつある今日この頃である。

　しかし、農業研究を一生涯の仕事と心に決めたかつての自分自身を欺かないためにも、今後も何らかの形で研究上のアウトプットを継続していきたいと考える次第である。

　最後になるが、出版事情の厳しいなか本書の出版をお引き受けいただいた筑波書房の鶴見治彦社長に感謝したい。

2015年1月

　　　　　　　　　　　　　　　　　　　　　　　　　　　　木村彰利

著者略歴

木村彰利（きむら　あきとし）

所属：(一社）農協流通研究所　主幹研究員

経歴
1965年7月　大阪市東淀川区に生まれる
1990年3月　信州大学農学部園芸農学科卒業
1990年4月～1999年10月　長野県職員（農業改良普及員）、宇都宮大学大学院農学研究科（修士課程）、㈳食品需給研究センター（研究員）、大阪府立大学大学院農学研究科（博士課程）、黒瀬町職員（町史編さん専門員）等を経て
1999年11月～現職

変容する青果物産地集荷市場

2015年2月25日　第1版第1刷発行

著　者　木村彰利
発行者　鶴見治彦
発行所　筑波書房
　　　　東京都新宿区神楽坂2-19 銀鈴会館
　　　　〒162-0825
　　　　電話03（3267）8599
　　　　郵便振替00150-3-39715
　　　　http://www.tsukuba-shobo.co.jp

定価は表紙に表示してあります

印刷／製本　平河工業社
©Akitoshi Kimura 2015 Printed in Japan
ISBN978-4-8119-0460-3 C3033